Esta publicação foi possível graças a um programa de responsabilidade social da

imprensaoficial

APRENDENDO PORTUGUÊS NAS ESCOLAS TIRIYÓ E KAXUYANA

APRENDENDO PORTUGUÊS NAS ESCOLAS TIRIYÓ E KAXUYANA

Programa de Formação
de Professores-Pesquisadores
Tiriyó e Kaxuyana do Iepé

Iepé

imprensaoficial

São Paulo, 2010

Dados Internacionais de Catalogação na Publicação
Biblioteca da Imprensa Oficial do Estado de São Paulo

Aprendendo português nas escolas Tiriyó e Kaxuyana/ Programa de Formação de Professores-PesquisadoresTiriyó e Kaxuyana do Iepé – [São Paulo]: Imprensa Oficial do Estado de São Paulo; [Macapá]: Iepé, 2010.
184 p.: il.

Vários autores.
ISBN 978- 85-7060-762-1

1. Índios – América do Sul 2. Português – Estudo e ensino

CDD 372.41

Índice para catálogo sistemático:

1. Português : Índios na América do Sul : Estudo e ensino 372.41

Nesta edição, respeitou-se o novo Acordo Ortográfico da Língua Portuguesa

Foi feito o depósito legal na Biblioteca Nacional
Lei n° 10.994, de 14/12/2004

Impresso no Brasil 2010

Iepé - Macapá
Av. Raimundo Álvares da Costa, 1.689
68900-074 – Macapá – AP
Tel: (96) 3223-7633 / Fax: (96) 3223-3050
www.instituoiepe.org.br
sede-macapa@institutoiepe.org.br

Imprensa Oficial do Estado de São Palo
Rua da Mooca, 1.921 Mooca
03103 902 São Paulo SP Brasil
sac 0800 01234 01
sac@imprensaoficial.com.br
livros@imprensaoficial.com.br
www.imprensaoficial.com.br

Autores indígenas

(Professores-Pesquisadores Tiriyó e Kaxuyana da Terra Indígena Parque do Tumucunaque – PA)

Adão Marak'awa Kaxuyana

Agnaldo Waratana Kaxuyana

Alcino Pauya Kaxuyana

Agostinho Tiriyó

Antonio Yanki Tiriyó

Arenta Püsantu Tiriyó

Bonifácio Ananaya Tiriyó Kaxuyana

Carmelito Tiriyó Kaxuyana

Celestino Maritü Kaxuyana Tiriyó

César Rampi Tiriyó

Cláudio Imitapi Tiriyó

Darka Lauroso Sarapun Tiriyó

Eddi Kurawaka Tiriyó

Emanuela Imaripün Tiriyó Kaxuyana

Emília Yakukuna Tiriyó Kaxuyana

Ercílio Parakta Kaxuyana

Fernando Kawuk'ma Kaxuyana

Francinete Inapün Tiriyó

Ivan Kiriana Tiriyó

Iyarepo João Tiriyó

Jonas Simiyan Tiriyó

Justino Wakawaka Kaxuyana Tiriyó

Kiriana Pampi Tiriyó

Luciana Takaiwa Kaxuyana

Marcelino Sipewanafö Tiriyó

Margareth Sitöri Tiriyó Kaxuyana

Maurício Pate Tiriyó

Meroti Saena Tiriyó

Napatia Marinete Tiriyó

Nelson Pasina Tiriyó

Olívia Tiriyó

Paula Seküripun Tiriyo

Paulino Latino Tiriyó Kaxuyana

Penkina Dinarte Tiriyó

Sakaru Estani Tiriyó

Samuel Enöri Tiriyó

Samuel Sameu Tiriyó

Sanare Keriso Tiriyó

Ubirajara Keisu Tiriyó Kaxuyana

Valdir Tik'rene Kaxuyana

Yutese Shamaeumang Tiriyó

Zenas Sinase Tiriyó

Apresentação

Os textos deste livro foram elaborados pelos professores Tiriyó e Kaxuyana, da Terra Indígena Parque do Tumucumaque, entre março e setembro de 2007, durante as aulas de Língua Portuguesa e Metodologia de Ensino, do Curso de Formação Continuada de Professores-Pesquisadores, realizado pelo Iepé – Instituto de Pesquisa e Formação em Educação Indígena.

Na primeira parte deste livro são apresentados textos e atividades voltados para uma primeira fase do aprendizado da oralidade e escrita da língua portuguesa como segunda língua. A segunda parte contém alguns tipos de textos para serem estudados e praticados pelos alunos: diálogos, bilhetes, cartas e radiogramas. A intenção é que os alunos compreendam as características e a função de cada tipo de texto, para que sejam capazes de elaborá-los e usá-los.

Os textos deste livro, escritos pelos professores Tiriyó e Kaxuyana, abordam diferentes conhecimentos, como a pesca, a caça, a coleta, o preparo de alimentos, a arte da cestaria e da confecção de diferentes objetos de sua cultura material. Para a iniciação dos alunos no aprendizado da língua portuguesa, como segunda língua, é importante que o vocabulário e os textos estejam contextualizados à realidade que vivenciam cotidianamente.

Maria Cristina Trocarelli
Organizadora do Livro

> "O importante da educação não é o conhecimento dos fatos, mas dos valores"
>
> (Dean William R. Inge, escritor inglês)

Temos hoje, espalhados em grupos pelo país, aproximadamente 200 etnias indígenas, que somam pouco mais de 300 mil pessoas. Embora as tribos entre si tenham estilo de vida similar, suas culturas são bastante diversificadas.

Estima-se que perto de 170 línguas diferentes sejam faladas entre esses povos. Apesar da drástica redução do número de indígenas desde o descobrimento do Brasil e da progressiva perda de identidade cultural ao contato com o homem branco, os números acima atestam a riquíssima diversidade étnico-cultural ainda presente.

Mas sabemos que a sobrevivência desses povos está atrelada a seus costumes. Como dizia Orlando Villas Boas, um dos maiores indigenistas brasileiros: o índio só sobrevive dentro de sua própria cultura.

O ensino escolar formal, em língua portuguesa, é de responsabilidade do governo e todos devem ter acesso a ele indistintamente. Contudo é importante lembrar que a Constituição Federal assegura às comunidades indígenas também educação escolar *diferenciada, específica, intercultural e bilíngue.*

A alfabetização deve então ser feita na língua materna, por ser este um fator vital para a boa qualidade da instrução.

Nas palavras do educador indigenista mexicano Gonzalo Aguiire Beltran: "Não há um processo mais adequado do que o ensino bilíngue-bicultural para alcançar resultados duráveis."

Além disso, faz-se imprescindível que a educação escolar seja adequada às práticas educacionais indígenas e seus próprios processos de aprendizagem, em geral vinculados às atividades cotidianas das tribos, a fim de que seja preservada sua autonomia cultural.

Um projeto de alfabetização consistente exige participação de líderes locais, falantes nativos das línguas maternas, com capacitação pedagógica e material apropriado.

A Imprensa Oficial do Estado, sente-se honrada em publicar *Aprendendo Português nas Escolas Tiriyó e Kaxuyana*, que conta com a participação de dezenas de representantes indígenas. Esperamos que projetos como este ajudem a formação de cidadãos indígenas, sem que sua cultura genuína seja usurpada.

Hubert Alquéres
Diretor-presidente
Imprensa Oficial do Estado de São Paulo

Índice

Parte 1

Parte 2

Alfabeto da Língua Portuguesa

A B C D E F G H I J K L M N O P Q
R S T U V X Y W Z

a b c d e f g h i j k l m n o p q
r s t u v x y w z

Vogais:

A E I O U

a e i o u

Consoantes:

B C D F G H J K L M N P Q R S T V
X Y W Z

b c d f g h j k l m n p q r s t v
x y w z

Desenho: Eddi Tiriyó

Piracema

Lupércio e Valdir Kaxuyana

Quando o rio fica cheio, peixes como o pacu, o curimatã, a traíra e o surubim começam a subir o rio para desovar.

É o tempo da piracema.

1 – Leia os nomes de peixes:

TRAÍRA

ARACU

PACU

CURUPETE

SURUBIM

JAÚ

PIRANHA

CURIMATÁ

MANDI CABEÇA DE FERRO

TAMOATÁ

2- Ligue os peixes ao nome:

PORAQUÊ

ARRAIA

ACARÁ

PEIXE-TESOURA

PACU

PEIXE-AGULHA

3- Olhe o desenho e forme palavras:

P A C U

_ _ _ _ _ _ _

_ _ _ _ _ _ _

4- Procure os nomes de peixes:

PACU
CURIMATÁ
PIAU
PINTADO
JAÚ
TRAÍRA
ARRAIA

P	O	M	T	P	I	A	M	P
I	C	U	R	I	M	A	T	A
N	F	O	A	A	R	O	I	C
T	A	T	Í	U	A	C	N	U
A	E	N	R	T	M	R	A	R
D	U	S	A	R	R	A	I	A
O	J	A	Ú	G	U	O	S	N

Copie no caderno os nomes dos peixes que você encontrou.

5- Complete as palavras nas frases:

PACU PIAU PINTADO PEIXE

____________ é um ____________ gostoso.

____________ é um ____________ gostoso.

____________ é um ____________ gostoso.

Eu matei um ________________________.

Meu pai matou um ____________________.

Meu tio matou um ____________________.

6- Complete as frases:

FRUTA ÁGUA PEIXE

O __________ come ____________________.

O _________ vive na ____________________.

Desenho: Antonio Yanki Tiriyó

Pescaria com o avô

Pasina Nelson Tiriyó

Eu fui pescar com meu avô. Ele é um grande pescador, sabe matar peixe.

Ele gosta de comer peixe moqueado. Ele gosta de fazer arco, flecha, cocar e tipiti. Meu avô sabe muitas coisas.

1- Leia as frases:

Meu avô é um grande pescador.

Meu pai é um grande pescador.

Meu tio é um grande pescador.

Eu sou um grande pescador.

Eu sou uma grande pescadora.

2- Complete as frases:

AVÔ PESCADOR PACU PIAU

Eu fui pescar com meu ______________. Ele é um grande ______________. Eu matei um ______________ e um ______________.

3- Junte as sílabas e escreva as palavras:

PA CU ______________________________

PES CA DOR ______________________________

PI AU ______________________________

CU RI MA TÁ ______________________________

A VÔ ______________________________

PA PAI ______________________________

PEI XE ______________________________

MI NHO CA ______________________________

PIN TA DO ______________________________

4- Leia as palavras, copie e faça um desenho no caderno:

ARCO FLECHA COCAR TIPITI

5- Complete as frases:

ARCO FLECHA PEIXE

O ________ e a ___________ servem para matar ___________.

COCAR AVÔ

Meu ____________ sabe fazer ____________.

6- Leia as palavras:

REMO

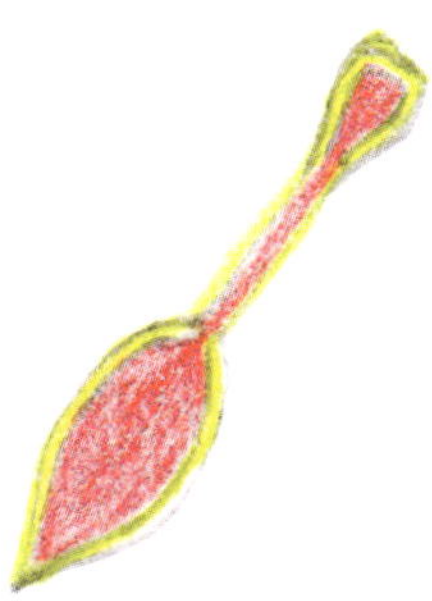

CANOA

ARCO

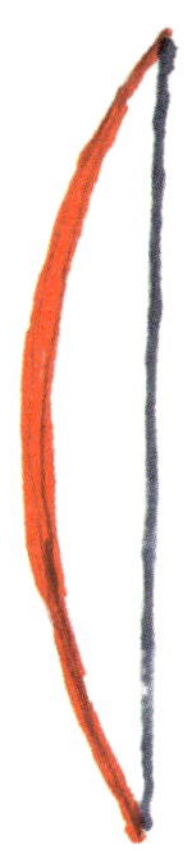

FLECHA

7- Leia e complete usando A ou O, com a ajuda do(a) professor(a):

O AVÔ   A AVÓ   O PACU

____ PIAU   ___ PINTADO   ____ ARCO   ___ FLECHA   ____ MINHOCA

___ MENINA   ___ MENINO   ____ PAI   ____ COCAR   ____ TIPITI

____ PEIXE   ____ ÁGUA   ___ REMO   ___ CANOA

8- Forme palavras com as letras:

U C A P ______________________________

U A I P ______________________________

S U R U I B M ______________________________

U J A ______________________________

T A R Í A R ______________________________

R A R A I A ______________________________

Desenho: Ubirajara Tiriyó Kaxuyana

Aprendendo a pescar

Ubirajara Tiriyó Kaxuyana

Antigamente, quando eu era criança, eu não sabia pescar e nem remar. Então meu pai começou a me levar junto com ele, foi meu pai quem me ensinou, por isso sei remar a canoa e pescar.

1- Conte como Ubirajara aprendeu a pescar.

2- E você sabe pescar?

Conte como aprendeu a pescar.

Desenho: Cláudio Imi e Sanare Kerisu Tiriyó

Uma pescaria

Cláudio Imi Tiriyó e Sanare Kerisu Tiriyó

O homem primeiro vai buscar minhocas. Depois ele pega os seguintes materiais para levar na canoa: anzol, faca, linha, terçado, remo, arco e flecha.

Então ele vai para o rio e começa a jogar o anzol na água. Assim ele pega os peixes e mata.

Quando ele volta para casa, lava os peixes, a mulher dele trata e cozinha os peixes. Finalmente eles podem comer.

Responda de acordo com o texto:

1- Que isca o homem vai usar para pescar?

____

2- Que materiais ele vai levar para pescar?

____

3- Quando o pescador chega em casa o que a mulher dele faz?

____

Desenhos: Samuel Sameu Tiriyó e Zenas Tiriyó

A aldeia Kuxaré

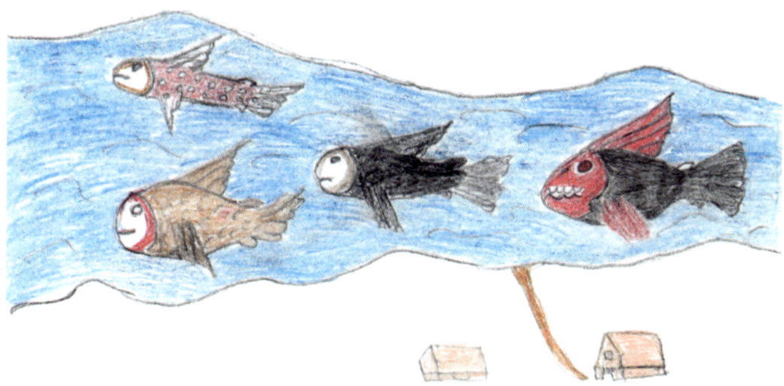

Samuel Sameu Tiriyó e Zenas Tiriyó

O nome da nossa aldeia é Kuxaré. Lá onde moramos tem muitos tipos de peixes: surubim, traíra, pacu e piranha. Nós pescadores sabemos onde ficam os lugares dos peixes. Nós pescamos muito lá na aldeia Kuxaré.

Na nossa aldeia tem casas, escola, posto de saúde e pista de pouso.

Lá existem frutas como caju, buriti, taperebá, goiaba, banana.

Mora muita gente lá.

1- Responda:

a) Que peixes existem na aldeia Kuxaré?

____

b) Que frutas existem na aldeia Kuxaré?

____

2- Complete o texto:

O __________ da nossa ____________ é Kuxaré. Lá onde moramos tem muitos tipos de ______________: ____________, ______________, __________ e ______________. Nós ______________________ sabemos onde ficam os lugares dos peixes. Nós __________________________muito lá na aldeia Kuxaré.

Na nossa aldeia tem _________________, _________________, ____________________ e ____________________.

Mora muita _________ lá.

3- Leia as palavras, copie no seu caderno e escolha cinco palavras para desenhar:

PISTA	POSTO	ESCOLA	FESTA	ESCOVA
ESPÍRITO	ESCADA	PESCADOR	PESCARIA	ESTUDANTE
FÓSFORO	ESPINGARDA	ISCA	PASTA	ISQUEIRO

4- Complete as frases usando palavras que você leu:

a) Eu gosto de estudar. Sou ________________ na __________ da minha aldeia.

b) Hoje em dia usamos ________________ para acender fogo.

c) Vou usar uma ________________ para subir na árvore e pegar filhote de arara.

d) Vou pegar minhoca para usar como __________. Eu sou um bom ______________________.

Desenho: Bonifácio Tiriyó

A bananeira

Bonifácio Tiriyó

A bananeira é uma planta baixa, com folhas verdes, grandes e largas. Costuma dar bastante nas roças e são plantadas pelas pessoas.

A bananeira dá frutas deliciosas. Elas começam a crescer em cachos pequenos que depois ficam grandes.

A banana é uma fruta que também os macacos gostam muito de comer.

1- Leia os nomes de frutas, desenhe cada uma e escreva o nome:

BANANA BURITI BACABA CAJU GOIABA COCO

Agora copie na linha abaixo as frutas que começam com a letra B:

____

E agora copie as frutas que começam com a letra C:

____

2- Ligue as palavras ao desenho:

BANANEIRA

MACACO

CAJU

3- Complete as frases:

EU BANANA MACACO PAI AVÔ CAJU

________________ gosto de comer ________________ .

O ________________ gosta de comer ________________ .

Meu ________________ gosta de comer ________________ .

Meu ________________ gosta de comer ________________ .

4- Leia as palavras e complete as frases:

PACA CUTIA TATU MACACO ARARA PATO

A ________________ come bacaba.

A ________________ come buriti.

O ________________ come banana.

O ________________ come frutas.

A ________________ come buriti.

O ________________ come peixe.

5- Complete as frases com nomes de frutas:

BANANA BACABA BURITI CAJU GOIABA COCO

A arara come ________________ .

O macaco come ________________ .

O tatu come ________________ .

A cutia come ________________ .

Eu como ________________ .

Meu pai come ________________ .

Meu avô come ________________ .

6- Escreva os nomes dos desenhos:

________________ ________________ ________________

7- Forme palavras juntando as sílabas:

NA BA NA ______________________

PA CA ______________________

TU CA NO ______________________

NI ME NO ______________________

NI ME NA ______________________

NO CA A ______________________

8- Complete as palavras usando as sílabas:

NA NE NI NO NU

ME ____ NO ME ____ NA CA ____ TA TUCA ____

BO ____ TO CA ____ A CA ____ PA ____

9- Monte palavras com as letras:

M C A O C A

____

J A U C

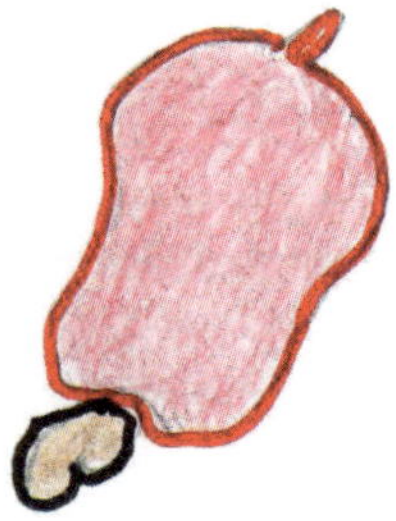

____

T A O N U C

____

T U A T

____

10- Procure os nomes de bichos no caça-palavras:

TATU
MACACO
TUCANO
ARARA
CUTIA
PATO

T	I	O	M	A	C	A	L	U	M
U	M	A	N	R	E	P	O	P	A
C	U	T	I	A	J	N	F	Y	C
A	S	A	P	R	T	A	T	U	A
N	E	I	T	A	O	N	I	O	C
O	A	G	R	I	S	P	A	T	O

Desenho: Ubirajara Kaxuyana Tiriyó

A tangerina

Ubirajara Kaxuyana Tiriyó

A tangerina é uma árvore pequena que tem espinhos, dá flores, tem raiz, folhas e caule. Ela dá frutas saborosas.

Ela vive na terra.

1- Complete as frases:

TANGERINA FRUTA

A ____________ é uma ______________ saborosa.

Eu gosto de comer __________________________.

A __________________ vive na terra.

2- Forme palavras com as sílabas:

TU **MA** TA CA **TO** CO PA CO CU NO

MATO ____

____

3- Forme palavras com as letras:

T O **C** **U** **A** **P** O M A N C
A P B N A

PACU ____

____

4- Leia as palavras do quadro:

GE	GI
TANGERINA GENTE GENGIVA GERADOR GELADEIRA	GIRINO RELÓGIO PÁGINA GILETE

5- Complete as frases:

GENGIVA RELÓGIO PÁGINA GIRINO TANGERINA

O filho do sapo, quando nasce e ainda não tem pernas, é chamado de

_________________.

A ______________________ é uma fruta saborosa.

O dentista colocou remédio na _________________ do menino.

O __________________ serve para a gente saber a hora.

A ___________________ da revista rasgou.

Desenho: Emanuela Imaripün Tiriyó

Caju do mato

Emanuela Imaripün Tiriyó

O caju do mato é uma árvore muito alta que dá flores bem cheirosas. Ele vive no mato. É uma árvore que dá frutas muito gostosas.

A fruta do cajueiro é usada para preparar várias comidas como caju com bacaba. O caju também serve para fazer suco.

Os animais como a anta, a paca, o veado e o tatu também comem caju.

1- Leia as palavras, copie no caderno e faça os desenhos:

PACA VEADO TATU ANTA

2- Escreva o nome dos desenhos:

____________ ____________ ____________

3- Complete as frases:

CAJU ANTA TATU VEADO BACABA BURITI

A ____________ come ____________.

O ____________ come ____________.

O ____________ come ____________.

4- Leia as palavras:

PACU	PACA	MACACO	ANTA	ARARA	CAJU
CUTIA	TATU	PIAU	TUCANO	VEADO	COCO

5- Copie as palavras no quadro abaixo de acordo com a letra inicial:

A	C	M	P	T	V

6- Leia as palavras:

JA	JE	JI	JO	JU
JACARÉ	HOJE	JIBÓIA	JOGO	CAJU
JABUTI	JERIMUM	CANJICA	JOGAR	BEIJU
JACA	JENIPAPO		JOVEM	JULHO
JARARACA				JUNHO
CAJÁ				AJUDAR

Desenho: Emília Tiriyó

A aldeia Pedra da Onça

Emília Tiriyó

Eu moro na aldeia Pedra da Onça, onde tem muitas frutas e produtos da roça, como banana, mandioca, caju, batata, inhame, bacaba, inajá, taperebá, abacaxi e manga. Minha roça é grande.

Lá encontramos animais como o porco e o mutum, também tem peixes.

Na minha aldeia tem casas, escola e posto de saúde.

1- Leia, copie os nomes no caderno e desenhe os produtos da roça:

MANDIOCA BANANA BATATA CANA CARÁ INHAME

2- Forme as palavras:

P R O C O

____

B T A A T A

____

C N A A

____

M D I A N C O A

____

3- Complete as frases:

MANDIOCA	BATATA	JERIMUM	PORCO	ANTA	VEADO

O porco comeu ________________ e ______________ na roça.

A cutia comeu ____________ na roça.

A paca comeu ____________ na roça.

Meu pai matou um ______________ .

Meu avô matou uma ______________ .

Eu matei um ____________________ .

Desenho: Samuel Sameu Tiriyó

Vida de criança e de adulto

Samuel Sameu Tiriyó

Quando eu era criança, eu nem sabia fazer casa, não sabia fazer nada, só pensava em brincar.

Depois quando eu cresci comecei a fazer algumas coisas: aprendi a fazer casa, arco, peneira, canoa, remo. Agora eu sei fazer várias coisas.

Escreva o que você não sabia fazer e agora já aprendeu.

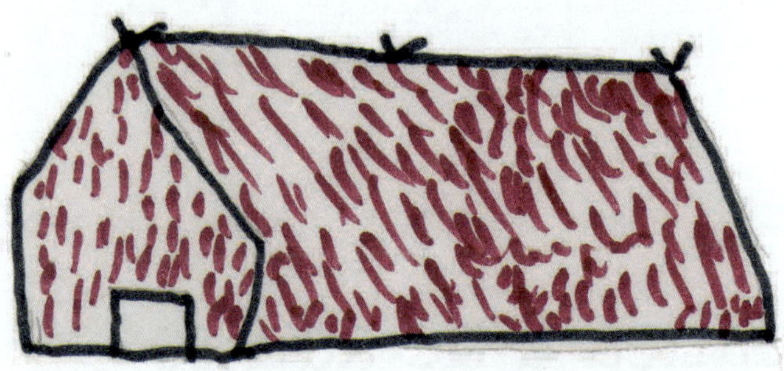

Desenho: Luciana Kaxuyana

Aprendendo com a mãe

Luciana Kaxuyana

Quando eu era criança eu não sabia fazer beiju. Depois minha mãe me ensinou. Eu aprendi a fazer com ela. Agora eu sei fazer beiju.

Desenho: Luciana Kaxuyana

Escreva como você aprendeu a fazer alguma coisa.

Desenho: Pampi e Meroti Tiriyó

Receita de beiju

Pampi Tiriyó, Nelson Pasina, Luciana Kaxuyana e Meroti Tiriyó

A mulher vai buscar mandioca na roça, depois ela tira a casca. Então ela rala a mandioca e espreme no tipiti, depois passa na peneira. As mulheres esperam dois dias para assar na chapa quente e finalmente elas colocam no sol, em cima da casa.

Complete o texto:

A ______________________ vai buscar ______________________ na ___________________, depois ela tira a ___________________. Então ela rala a ___________________ e espreme no ______________________, depois passa na _________________________. As ______________________ esperam dois dias para assar na ____________________ quente e finalmente elas colocam no ___________________, em cima da ______________________.

Desenho: Antonho Yanki Tiriyó

Minha aldeia

Antonho Yanki Tiriyó

Na minha aldeia temos roça onde tem muitas plantas como mandioca, batata, cana, abacaxi, jerimum, melancia, banana e milho. Nós temos também manga e pimenta.

Minha aldeia é nova, mas tem muita gente morando. Tem escola e posto de saúde. Tem canoa, rádio, pista de avião e cachoeira, onde existe muito peixe.

1- Leia o texto e complete as palavras que estão faltando:

Na minha __________ temos ___________ onde tem muitas plantas como ____________, batata, ___________, abacaxi, _____________, melancia, ______________ e _____________. Nós temos também _____________ e _______________.

Minha __________ é __________, mas tem muita __________ morando. Tem _____________ e posto de saúde. Tem ____________, rádio, pista de avião e cachoeira, onde existe muito ______________.

2- Escreva:

Na minha aldeia tem:

____

____

____

____

____

____

____

3- Junte as sílabas das palavras:

MAN DI O CA ____________________

BA NA NA ____________________

JE RI MUM ____________________

I NHA ME ____________________

BA TA TA ____________________

MI LHO ____________________

MAN GA ____________________

PI MEN TA ____________________

4- Leia as palavras, copie no caderno e faça um desenho:

ESCOLA   POSTO DE SAÚDE   RÁDIO   CASAS

5- Leia as palavras:

R (no início da palavra)	R (no meio da palavra)	RR (sempre no meio da palavra)
RÁDIO	ARARA	TERRA
RATO	BURITI	BARRO
RIO	URUBU	BARRIGA
REMO	BARATA	FERRAMENTA
REDE	ABÓBORA	FERRO
REMÉDIO	TUCUNARÉ	GARRAFA
RUA	CARETA	CARRO
RECADO	CARECA	
RISADA		
ROUPA		

6- Complete as frases:

AMARRAR   CARREGAR   VARRER   SERRAR   CORRER

Eu vou pegar a vassoura para ________________ a escola.

O homem vai ________________ a tábua para fazer um banco.

O pescador vai ________________ a canoa no porto.

Eu vou ________________ até a pista para ver o avião.

7- Leia os nomes das ferramentas:

MACHADO

FACÃO

ANCINHO

LIMA

PÁ

VASSOURA

FOICE

RASTELO

PREGO

ENXADA

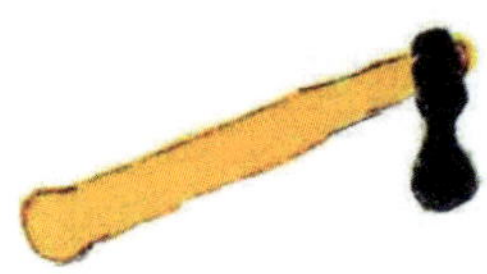

MARTELO

8- Procure o nome das ferramentas no caça-palavras:

MARTELO
ENXADA
ANCINHO
PÁ
LIMA
VASSOURA
FOICE
FACÃO
MACHADO

F	A	C	Ã	O	P	N	F	I	M	O
O	R	V	A	S	S	O	U	R	A	B
I	A	N	C	I	N	H	O	A	C	I
C	D	I	N	A	M	I	T	O	H	L
E	N	X	A	D	A	S	P	S	A	I
F	E	P	T	O	C	E	Á	U	D	M
M	A	R	T	E	L	O	T	B	O	A

Desenho: Emília Tiriyó

O abanador

Emília Tiriyó

O abanador é feito de olho de bacabeira, murumuru e algodão. Estes materiais são encontrados no mato.

O abanador é usado para abanar o fogo. Quem faz abanador são os homens da aldeia.

1- Complete as frases seguindo o texto:

O abanador é feito de ______________________________.

O abanador é usado para ____________________________.

Quem faz abanador são ____________________________.

2- Leia os nomes dos objetos do artesanato:

FLECHA

COCAR

BRACELETE

BANCO

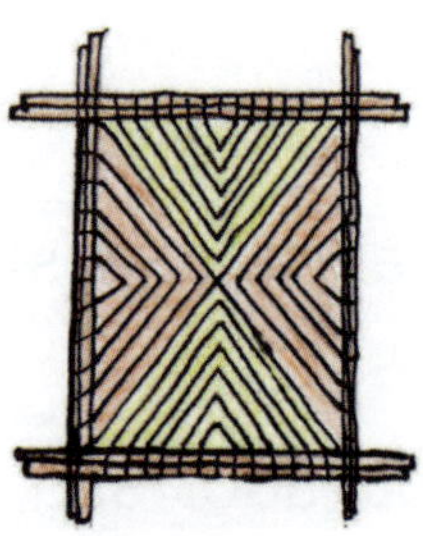
PENEIRA

TIPITI

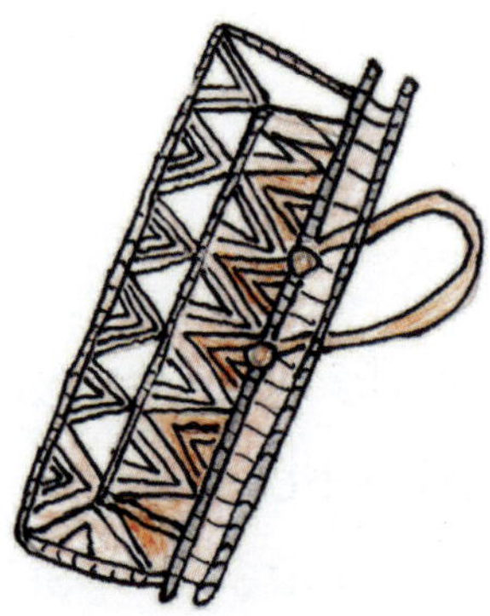
CESTO

BOLSA

TANGA

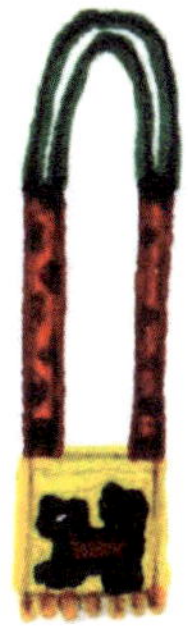

COLAR

BORDUNA

CHOCALHO

PENTE

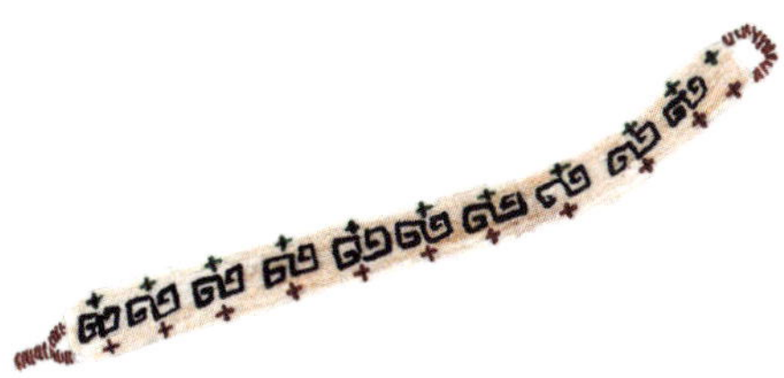

CINTO

PULSEIRA

3- Complete o quadro:

Objetos feitos pelos homens	Objetos feitos pelas mulheres
CESTO	COLAR

4- Complete as frases:

ABANADOR PENTE CESTO PILÃO

TIPITI COCAR CINTO MANDIOCA

Minha mãe usa o ______________ para socar milho.

Eu uso o _________________ para abanar o fogo.

Minha irmã usa o _______________ para pentear o cabelo.

Eu coloquei _________________ e ________________ para me enfeitar para a festa.

A menina usa o _______________ para carregar mandioca.

O ____________ é usado para espremer a ______________ para fazer sakura.

5- Escreva uma frase com cada palavra:

PENEIRA BANCO BORDUNA TIPITI

6- Leia algumas palavras que começam com a letra H.

Na língua portuguesa, quando a letra H vem no começo da palavra, ela não tem nenhum som. Lemos a palavra com o som da letra seguinte:

HOMEM HOTEL HOJE HOTEL
HELICÓPTERO HOSPITAL HORA HORÁRIO

7- Complete as frases com palavras do quadro acima:

a) Usamos relógio para saber a ________________.

b) O ____________________ da FAB desceu na pista.

c) Meu tio ficou doente e foi internado num _________________ em Macapá.

d) Eu viajei para Manaus e fiquei hospedado num ______________.

Desenho: Sakaru Estani Tiriyó

A cachoeira

Sakaru Estani Tiriyó

Minha aldeia tem uma cachoeira bem legal! As crianças gostam de tomar banho, mas as mães das crianças falam para os filhos tomarem cuidado para não caírem no rio, pois na cachoeira da minha aldeia tem uma pedra grande e lisa.

Na cachoeira tem muitos peixes grandes e pequenos, tem também cobras. Por isso temos que tomar cuidado quando vamos tomar banho e ter cuidado para não cair na cachoeira.

Lá tem patos e passarinhos que vão tomar banho no rio.

1- Leia o texto e responda:

Escreva qual a preocupação das mães com as crianças que vão tomar banho na cachoeira.

____

____

____

Quais os bichos que a autora conta que existem na cachoeira?

____

____

____

____

2- Leia as palavras com CH e escolha três palavras para escrever três frases:

CACHOEIRA CHUVA CHÁ CACHORRO MACHADO

BICHO CHINELO CARTUCHO BORRACHA MACHO

CACHO CACHIMBO CHEIRO CHAPÉU

3- Leia as palavras com NH e escolha três para escrever três frases:

BANHO FARINHA PIRANHA ARANHA ESPINHO

GALINHA LINHA CAMINHO SONHO UNHA

MINHOCA ARIRANHA LENHA

4 – Complete as frases:

LENHA BANHO SONHO ESPINHO LINHA

CAMINHO AMANHÃ MANHÃ PIRANHA

Eu vou pegar a _________________ e o anzol para pescar.

Minha mãe foi buscar _______________ para assar o peixe.

Esta noite eu tive um __________________ bonito.

O menino tomou _________________ no rio.

O agente de saúde tirou um ____________________ do meu pé.

Eu vou pescar de _____________________ bem cedo.

______________________ vou viajar para o Suriname.

Eu gosto de comer __________________ assada.

A paca estava no meio do ______________________.

Desenho: Margareth e Darka Tiriyó

Receita de mingau de milho

Darka Tiriyó e Margareth Tiriyó

Primeiro a mulher precisa tirar o milho na roça e levar para casa. Então ela vai socar o milho. A mulher vai amassar o milho com água, ela vai pegar outra panela e colocar no fogo.

Quando o mingau de milho estiver pronto, a mulher espera esfriar para tomar.

1- Faça desenhos mostrando cada parte da receita de mingau de milho. Escreva uma frase para cada parte da receita.

2- Leia as palavras com LH e escolha duas para fazer uma frase:

MILHO	PALHA	FILHA	FILHO	OLHO	ABELHA
ALHO	PIOLHO	FOLHA	ORELHA	AGULHA	ESPELHO

____

____

____

____

3- Complete as palavras usando NH, CH ou LH:

GAFA ______ OTO	BARU ______ O	AMA ______ Ã
CU ______ ADO	CARTU ______ O	ESPE ______ O
TE ______ ADO	CAMI ______ ÃO	MA ______ UCADO
BA ______ EIRO	______ INELO	VERME ______ O
ABE ______ A	MI ______ OCA	______ UVA
GALI ______ A		

4- Escolha a palavra certa para colocar na frase:

rachar achar

O machado serve para ____________________ lenha.

olhar molhar

A chuva serve para ____________________ a terra.

chorar cheirar

A criança derrubou a comida e começou a ____________________.

Desenho: Luciana Kaxuyana

Minha roça

Luciana Kaxuyana

Minha roça é grande. Lá tem mandioca, abacaxi, jerimum, melancia, batata, cana, cará, milho e banana.

Alguns animais, como a cutia, vão comer mandioca e outros produtos na roça. Ela gosta muito dos produtos da roça.

Na minha roça tem fartura de raízes de mandioca, porque a terra é muito boa e bonita.

Quando eu vou tirar mandioca carrego nas costas, é muito pesada. Nós trazemos para a aldeia em cestos que chamamos jamaxim ou panacu. A mandioca serve para fazer sakura e beiju.

1- Responda as perguntas:

a) Quais os produtos que existem na roça da Luciana?

____

b) Que bicho está comendo os produtos da roça de Luciana?

____

c) Para que serve a mandioca?

____

2- Leia as palavras:

ÇA	ÇO	ÇU
ROÇA	MOÇO	JACAREAÇÚ
CAÇA	PEDAÇO	SUÇUARANA
ONÇA	MURIÇOCA	AÇÚCAR
DANÇA	PAÇOCA	
CABEÇA	AÇO	
FUMAÇA		
GARÇA		
MOÇA		

CE	CI
CESTO	CACIQUE
MORCEGO	CIDADE
CÉU	CINTO
CEDO	MELANCIA
DOCE	BACIA
RECEITA	CIPÓ
COCEIRA	OFICINA

3- Complete as frases usando palavras dos quadros:

a) O ________________ vai fazer reunião com todas as pessoas da aldeia.

b) O ______________ voa à noite e gosta de comer fruta.

c) A ___________________ pode transmitir malária.

d) Na _______________ até para beber água a gente tem que pagar.

4- Complete usando C ou Ç:

doen ___ a	___ inema	polí ___ ia	ofi ___ ina
peda ___ o	co ___ eira	pesco ___ o	ca ___ ador
___ into	cabe ___ a	caro ___ o	___ edo

Desenho: Kiriana Pampi Tiriyó

A traíra

Kiriana Pampi Tiriyó

A traíra é um peixe, ela vive na água. É comprida, grande e gorda. Tem olhos e boca grandes e tem escamas.

Ela dorme na água e gosta de comer peixinhos.

Quando a traíra está "ovada", ou seja, com muitos ovos na barriga dela, ela fica ainda mais gostosa.

1- Responda:

a) Em qual época a traíra fica "ovada"?

b) Como se pesca a traíra?

2- Escreva uma receita de comida com a traíra.

Desenho: Emília Yakukuna Tiriyó Kaxuayana (detalhe)

A floresta

Justino Tiriyó Kaxuyana

As florestas são muito importantes para nós e devem ser preservadas para que tenhamos alimentos, como os animais para caçar, as frutas, mel e os peixes para comer.

Dentro da floresta tem várias espécies de animais, eles precisam da floresta para se alimentar, assim como nós. Além disso, nós precisamos da floresta porque existem os materiais para fazer casa e artesanato e também os remédios.

Por isso, precisamos continuar mantendo a floresta preservada para continuarmos a viver.

1- Responda:

Escreva um texto explicando porque a floresta é importante e os recursos naturais que existem nela. Faça um desenho e apresente para os colegas o seu trabalho.

2- Leia as palavras do quadro abaixo e escolha cinco para escrever cinco frases.

TRAÍRA	CRIANÇA	FLORESTA	FRUTA	COBRA	GRAVADOR
ESTRELA	CRU	FLAUTA	FRACO	BRASIL	GRAXA
TRACAJÁ	ESCREVER	FLECHA	FRIO	BRAVO	ALEGRIA
ESTRADA		FLOR		BRANCO	MAGRO
TRATOR		FLUOR			GROSSO

1- ______________________________

____

____

2- ______________________________

____

____

3- ______________________________

____

____

4- ______________________________

____

____

5- ______________________________

____

____

Diálogos

Os diálogos são as conversas escritas. No diálogo aparece o que cada pessoa fala e o que a outra pessoa responde.

Desenho: Fernando Kawuk'ma Kxuyana e Samuel Sameu Tiriyó

Conversa sobre pescaria

Fernando Kawuk'ma Kaxuyana e Samuel Sameu Tiriyó

— Oi amigo, para onde você vai?
— Eu vou para a cachoeira.
— Fazer o que?
— Vou pescar.
— Ah! Tá bom.
— Você quer vir comigo?
— Eu posso ir com você, meu amigo?
— Pode sim.
— Então vamos, meu amigo.

Ponto final

Leia a frase:

A mulher foi buscar milho na roça.

Esta frase termina com o ponto final.

O ponto final é usado para finalizar uma frase e concluir uma idéia. Por exemplo:

Amanhã eu vou trabalhar.
O menino joga bola.
A cutia come mandioca.
Eu gosto de tomar mingau de milho.

1- Leia com o seu amigo ou sua amiga o diálogo da página anterior. Cada um vai ser um personagem.

2- Desenhe uma história em quadrinhos com a primeira parte da conversa dos dois amigos. Coloque as falas nos balões:

— Oi amigo, para onde você vai?

— Eu vou para a cachoeira.

— Fazer o que?

— Vou pescar.

Desenho: Cláudio Imi Tiriyó

Pescaria depois da chuva

— Bom dia, amigo.

— Bom dia.

— Vamos pescar?

— Vamos. Agora, amigo?

— Agora.

— Olhe amigo, está chovendo muito. Quando passar a chuva nós iremos pescar.

— Então está bom, quando passar a chuva eu venho chamar você.

— Eu vou esperar você aqui na minha casa.

Leia a frase:

Vamos pescar, amigo?

Nessa frase uma pessoa está perguntando para o seu amigo se ele quer ir pescar. Por isso a frase termina com **este sinal ? que chamamos ponto de interrogação.**

O ponto de interrogação é usado no final das frases para fazer perguntas. Por exemplo:

Jonas, onde você comprou seus óculos?
Você já comeu?
Você quer comprar pulseira?
Oi irmão, o que você está fazendo?

1- Leia com seu amigo ou sua amiga este diálogo.

2- Coloque a pontuação que está faltando no diálogo:

Bom dia, amigo

Bom dia

Vamos pescar, amigo

Vamos Agora, amigo

Agora

Olhe amigo, está chovendo muito Quando passar a chuva nós iremos pescar

Então está bom, quando passar a chuva eu venho chamar você

Eu vou esperar você aqui na minha casa

3- Invente 3 perguntas para o seu amigo ou sua amiga responder. Use o ponto de interrogação.

1. ____

____

2. ____

____

3. ____

____

4- Responda também as perguntas que seu amigo / ou amiga fez para você.

Travessão

Nos diálogos, antes da fala de uma pessoa usamos o **travessão –**
Observe:
— Bom dia, amigo.
— Bom dia.
— Vamos pescar, amigo?
— Vamos.

Quando outra pessoa vai falar, usamos outro travessão na outra linha.

Desenho: Francinete Tiriyó e Valdir Kaxuyana

Combinando uma pescaria

Francinete Tiriyó e Valdir Kaxuyana

— Oi, amigo, vamos pescar?

— Vamos, amigão!

— Que horas nós iremos?

— Quatro horas, está bom?

— Para mim está bom.

Leia a frase:

— **Vamos, amigão!**

Nessa frase é usado o **ponto de exclamação !** para mostrar que o amigo ficou animado com o convite para ir pescar.

O ponto de exclamação é usado para demonstrar surpresa, susto, admiração, alegria e tristeza. Por exemplo:

Você está linda!
Que festa linda!
Oba, você chegou!
Que bom amigo!
Que susto!
Que pena!

1- Coloque a pontuação:

Oi, amigo, vamos pescar

Vamos amigão

Que horas nós iremos

Quatro horas está bom

Para mim está bom.

2- Faça com o seu colega uma lista de nomes de peixes e uma lista de materiais de pesca.

NOMES DE PEIXES	MATERIAIS DE PESCA

3- Escreva um diálogo convidando alguém para ir pescar com você.

Desenho: Paula Tiriyó e Napatia Tiriyó

Convite para ir à roça

Paula Tiriyó e Napatia Tiriyó

— Boa noite filha, você está deitada?

— Não, mãe, ainda não.

— Olhe filha, amanhã eu vou arrancar mandioca na roça. Você quer ir comigo?

— Eu quero ir com você, mamãe.

— Então vamos bem cedo. Não esqueça de levar um terçado e um cesto.

1- Invente uma conversa entre a mãe e a filha quando elas chegaram na roça.

____

____

____

____

____

____

____

____

2- Faça com seu colega uma lista de produtos da roça e uma lista de materiais de uso na roça:

PRODUTOS DA ROÇA	MATERIAIS USADOS NA ROÇA
MANDIOCA	ENXADA

Convite para ajudar na roça

— Bom dia, amigo. Aonde você vai?

— Bom dia, eu vou plantar a minha roça. Você quer ir comigo me ajudar?

— Oba, eu quero sim!

— Então vem me ajudar, amigo, eu estou sozinho.

— Está bem, eu vou ajudar você, não se preocupe.

— Você sabe plantar bem?

— Eu sei, aprendi com meu pai.

1- Escreva esse diálogo desenhando os personagens e colocando as falas nos balões.

2- Invente um diálogo em que uma pessoa ajuda a outra em algum trabalho.

Convite para uma festa

— Oi, prima, você fez muita sakura?

— Sim, prima, fiz muita.

— Então amanhã eu vou na sua casa.

— Pode ir, prima, amanhã eu faço aniversário.

— Com certeza eu irei na sua casa, prima.

— Está bem, vou aguardar você.

1- Escreva a conversa entre as primas quando a convidada chegou na festa de aniversário.

___

___

___

___

___

___

___

___

___

2- Escreva um texto explicando como se faz sakura e faça desenhos.

Convite para tomar sakura

Meroti Saena Tiriyó e Paulino Tiriyó Kaxuyana

— Oi, amigo, vamos tomar sakura na minha casa?

— Vamos, estou com sede!

— Tome aqui, pode beber muito.

— Ah! Que bom amigo! Vou beber muito sim!

1- Coloque a pontuação no diálogo:

Oi, amigo, vamos tomar sakura na minha casa

Vamos, estou com sede

Tome aqui, pode beber muito

Ah Que bom amigo Vou beber muito sim

2- Escreva um diálogo convidando alguém para tomar sakura.

____

____

____

____

____

____

____

____

Desenho: Samuel Sameu e Fernando Kaxuyana

Convite para comer

Fernando Kaxuyana e Samuel Sameu Tiriyó

— Olá, meu amigo.

— Olá.

— Você quer comer um pedaço de carne de porco e de veado?

— Eu quero comer um pedacinho de carne de porco.

— Está bem, meu amigo, então vamos comer.

1- Escreva um diálogo convidando um parente para comer na sua casa.

2- Faça um desenho com este diálogo.

Conversa sobre caçada

Agnaldo Waratana Kaxuyana e Arenta Pïsantu Tiriyó

— Bom dia, pai!

— Bom dia!

— Vamos caçar?

— Não, filho, hoje eu não posso. Deixe para amanhã, filho.

— Não, eu vou hoje. Amanhã não poderei ir.

— Então vá, filho, mas cuidado com a onça.

1- Invente uma conversa do filho com o pai, quando o rapaz chegou da caçada. Conte os bichos que ele trouxe e como ele matou.

Desenho: Celestino Maritü Kaxuyana Tiriyó e Eddi Kurawaka Tiriyó

Convite para uma caçada

Celestino Maritü Kaxuyana Tiriyó e Eddi Kurawaka Tiriyó

— Oi, irmão, eu vou caçar amanhã no mato, você quer ir comigo?
— Quero ir contigo, só que não tenho munição.
— Eu tenho um pouco de munição, vou levar.
— Então eu vou contigo.
— Que horas a gente vai sair?
— Bem cedo.
— Então amanhã eu venho chamar você bem cedinho.

1- Invente uma conversa entre os irmãos durante a caçada.

2- Faça uma lista de bichos que as pessoas costumam caçar.

3- Pesquise com os mais velhos e escreva um texto explicando como se caçava antigamente e como se caça hoje em dia.

Desenho: Ivan Kiriana Tiriyó

Um pedido de laranjas

Ivan Kiriana Tiriyó

— Oi, amigo, tu podes arranjar algumas laranjas para mim?

— Está bem, eu vou arranjar para você. Quantas laranjas você quer?

— Arranja cinco para mim.

— Está bem, pegue.

— Obrigado, amigo.

Escreva uma conversa em que uma pessoa faz um pedido para a outra.

Pedido de carne e peixe

Jonas Tiriyó e Yarepo João Tiriyó

— Oi, amigo, eu quero um pedaço de peixe e carne de boi, você pode me dar?

— Sim, eu vou dar para você.

— Pegue também o peixe, amigo.

— Está bem, muito obrigado.

Escreva uma conversa em que uma pessoa oferece alguma coisa para a outra.

Desenho: Marcelino Sipewanapö Tiriyó e Penkina Dinarte Tiriyó

Falando no rádio

Marcelino Sipewanapö Tiriyó e Penkina Dinarte Tiriyó

Num dia de verão, dois amigos conversaram no rádio da seguinte forma:

— Bom dia, meu amigo.

— Bom dia.

— Eu gostaria de saber notícia do meu amigo Dinarte, que se encontra aí na CASAI.

— Um momento, eu vou chamar.

— Aqui é Dinarte.

Dinarte ficou curioso do que se tratava:

— Positivo, eu já compreendi, você quer saber se estou bem, você tem mais alguma coisa para mim?

— Negativo, até outro dia.

— Tchau, até o próximo contato.

Assim depois de alguns dias eles se encontraram e fizeram uma grande festa na aldeia.

1- Invente com o seu colega uma conversa no rádio. Depois apresentem para os colegas o diálogo que vocês inventaram.

2- Escreva os nomes de cinco aldeias Tiriyó e Kaxuyana.

3- Escreva os nomes dos povos indígenas que vivem no Parque Indígena do Tumucumaque.

____

____

____

____

4- Escreva os nomes dos povos indígenas que vivem no Estado do Amapá e no norte do Pará.

____

____

____

____

5- Escreva cinco nomes de povos indígenas que vivem em outros estados do Brasil.

____

____

____

____

Aprenda o código internacional do rádio:

O código do rádio é usado para soletrar cada letra que é formada a palavra. É usado quando está difícil para a outra pessoa ouvir a mensagem, então a pessoa precisa falar cada letra usando o código.

A – alfa	N – november
B – bravo	O – Oscar
C – Charlie	P – papá
D – delta	Q – Quebec
E – eco	R – Romeu
F – fox	S – sierra
G – golf	T – tango
H – hotel	U – uniforme
I – índia	V – Vítor
J – juliete	X – xadrez
K – kilo	Y – yanque
L – lima	W – whisky
M – maiki	Z – zulu

Desenho: Margareth Sitöri Tiriyó Kaxuyana e Darka Lauroso Sarapun Tiriyó

Conversa no rádio

Margareth Sitöri Tiriyó Kaxuyana e Darka Lauroso Sarapun Tiriyó

— Kuxaré, Kuxaré, Pedra da Onça chamando, câmbio!

— Prossiga, Kuxaré na escuta.

— Bom dia, Darka.

— Bom dia, Mariana.

— Eu quero falar com você.

— Sobre o que?

— Sobre minha filha.

— Ah! Sua filha está bem.

— Eu queria mandar uma sandalinha para ela.

— Pode mandar, eu vou entregar para ela.

— Muito obrigada, tchau.

— Tchau para você também.

1- Escreva uma conversa no rádio dando um recado para um parente.

2- Desenhe essa conversa

Desenho: Samuel Enëri Tiriyó e Maurício Patê Tiriyó

Conversa sobre artesanato

Samuel Enëri Tiriyó e Maurício Patê Tiriyó

- Oi, meu amigo, o que você está fazendo?

- Eu estou fazendo artesanato, fazendo peneira e chocalho.

- Eu quero aprender a fazer artesanato com você.

- Está bem, venha amanhã às 7h00.

- Eu venho sim, você sabe fazer muito bem, eu quero aprender e ficar craque como você.

- Está bom, meu amigo, vou ensinar você para fazer igual a mim.

- Tchau, até amanhã.

- Então tchau.

1- Escreva que materiais são necessários para fazer uma peneira. Explique como se faz e para que é usada a peneira.

____

____

____

____

____

____

____

____

____

2- Escreva que materiais são necessários para se fazer um chocalho. Explique como se faz e para que é usado o chocalho.

____

____

____

____

____

____

____

____

____

3- Escreva uma lista de objetos que o seu povo faz. Escolha um desses objetos para desenhar e escrever um texto.

Desenho: Adão Makarak'wa Katxuyana e Kiriana Pampi Tiriyó

Conversando sobre avião

Adão Makarak'wa Katxuyana e Kiriana Pampi Tiriyó

— Bom dia, Sub!

— Bom dia! O que você deseja, Pampi?

— Eu quero falar com o senhor.

— Sobre o que você quer falar?

— Estou querendo saber do avião, quando está vindo?

— Ah! Estamos sem previsão. Por que Pampi?

— Porque estou querendo viajar para Macapá.

— Você está querendo ir viajar, fazer o que lá em Macapá?

— Receber o meu dinheiro.

— Mas para viajar no avião da FAB você tem que ter uma autorização.

— Sim, eu tenho autorização, mas deixei lá em casa.

— Então está bom, vá buscar para viajar quando tiver avião.

— Sub, você pode me avisar quando tiver avião?

— Está bem, pode ficar tranqüilo que eu vou avisar quando tiver carona.

— Muito obrigado, Sub.

— De nada.

—Tchau, Sub.

—Tchau.

Leia as frases:

O que você deseja, Pampi?
Estou querendo saber do avião, quando está vindo?
Sim, eu tenho autorização, mas deixei lá em casa.

Nessas frases é usada a **vírgula ,**
A vírgula é usada para indicar uma pausa na leitura.

1- Coloque a pontuação no diálogo:

Bom dia Sub
Bom dia O que você deseja Pampi
Eu quero falar com o senhor
Sobre o que você quer falar
Estou querendo saber do avião quando está vindo
Ah Estamos sem previsão Por que Pampi
Porque estou querendo viajar para Macapá
Você está querendo ir viajar fazer o que lá em Macapá
Receber o meu salário
Mas para viajar no avião da FAB você tem que ter uma autorização
Sim eu tenho autorização mas deixei lá em casa.

2- Invente a conversa do Pampi entregando a autorização de viagem para o Sub e embarcando no avião.

3- Desenhe essa conversa

Desenho: Justino Wakawaka Kaxuyana Tiriyó e Emanuela Imarïpïm Tiriyó

Conversa ao telefone

Justino Wakawaka Kaxuyana Tiriyó e Emanuela Imarïpïm Tiriyó

— Alô, meu amor!
— Alô, amor!
— Como vai você?
— Vou bem, e você?
— Estou aqui, com saudade de você.
— Eu também estou com saudade.
— Como vai a nossa filhinha?
— Ela está bem.
— Cuide bem dela.
— Vou cuidar bem direitinho, meu amor.
— Tchau, um beijo!
— Tchau, outro beijo!

1- Invente uma conversa de amor pelo telefone.

2- Olhe o desenho abaixo e invente uma conversa entre as amigas.

Desenho: Emília Tiriyó e Luciana Kaxuyana

Desenhos: Masumasu Lupércio Kaxuyana e Samuel Enëri Tiriyó

Escrevendo um bilhete

Masumasu Lupércio Kaxuyana e Samuel Enëri Tiriyó

Um homem está escrevendo um bilhete para convidar seu amigo, Samuel Tiriyó, para tomar sakura. Ele irá mandar o bilhete pelo seu filho, porque o amigo dele mora na mesma aldeia, mas ele está com preguiça de ir pessoalmente convidá-lo.

A criança entregou o bilhete nas mãos do amigo de seu pai. Assim o convidado já sabe que mais tarde, ele vai tomar sakura na casa de seu amigo.

BILHETE

O bilhete é um tipo de texto curto que serve para transmitir um recado para outra pessoa.

Leia o bilhete:

Aldeia Pedra da Onça, 02 de abril de 2007.

Querido irmão

Como vai você, tudo bem?

Comigo está tudo bem. Estou mandando duas flechas e dois arcos para você matar porco. Quando você matar um porco, quero que mande um pedaço para mim.

Era só isso, um abraço bem forte para você e para toda sua família.

Eddi Tiriyó

1- Escreva um bilhete em que o irmão do Eddi diz que está enviando um pedaço de porco para ele.

Leia:

Aldeia Tuha-Entu, 02 de abril de 2007.

Prezado cunhado

Oi, cunhado, como vai você, tudo bem?

Espero que nos encontremos aí na sua casa quando eu for na sua aldeia. Prepare sakura para mim. Era só isso, cunhado.

Um abraço bem forte para você e sua família. Tchau, tchau, até mais.

Marcelino Sipewanafö Tiriyó

2- Escreva um bilhete do Marcelino para o cunhado avisando que ele vai visitá-lo no próximo final de semana, para a irmã dele preparar sakura para recebê-lo.

Leia o bilhete:

Aldeia Paruwaka, 2 de abril de 2007.

Prezado amigo Marcelino

Oi, amigo, como vai você, tudo bem?

Estou muito bem aqui na minha aldeia. Estou mandando um bilhete para te convidar para vir aqui na minha aldeia, vai ter muita festa, por isso quero que tu venhas.

Aguardo tua vinda, abraço. Tchau.

Carmelito Tiriyó

3- Escreva uma resposta para esse bilhete.

Leia:

Aldeia Paruwaka, 5 de abril de 2007.

Prezado amigo Nelson Pasina

Oi, amigo, como vai você e sua família?

Eu e minha família estamos bem aqui na minha aldeia.

Amanhã estarei mandando farinha para você, amigo, quero que tu recebas essa farinha. Um abraço.

Carmelito Tiriyó

4- Escreva a resposta do Pasina para este bilhete avisando que recebeu a farinha e vai mandar alguma coisa para o Carmelito.

Leia:

Aldeia Pedra da Onça, 02 de abril de 2007.

Emília

Como vai você, tudo bem? Eu estou bem.

Por favor, quero que você mande um pouco de farinha para mim. Estarei esperando pela farinha.

Até outro dia, um abraço para você.

Margareth Tiriyó

5- Escreva a resposta de Emília para esse bilhete.

6- Complete o bilhete:

______________________, _____ de ___________________ de _______ .

Prezado ________________

Eu recebi o bilhete que você mandou pedindo _________________________

____.

____ .

____

7- Complete o bilhete abaixo:

Aldeia ________________, _____ de ___________________ de _______ .

Querido ________________

Estou mandando um bilhete para você __________________________ ____ Quero que você mande no ________________________________.

Muito __________________, um _________________________.

____

Leia:

Aldeia Missão Tiriyó, 03 de abril de 2007.

Oi, prima

Como vai, tudo bem com você?

Estou escrevendo para lhe dizer que no dia 04 vou para Suriname e volto para a aldeia no dia 15 de dezembro de 2007.

Prima, um abraço para você.

Bonifácio Tiriyó Kaxuyana

8- Escreva um bilhete do Bonifácio avisando que chegou do Suriname e trouxe uma encomenda para a prima.

Leia:

Missão Tiriyó, 02 de abril de 2007.

Prezado colega

Estou mandando um bilhete pedindo um caderno, eu quero que você compre para mim. Por favor, se tiver vôo da saúde eu quero que você mande na primeira oportunidade.

Um abraço para você.

Ercílio Parakta Kaxuyana

9- Escreva a resposta desse bilhete em que o amigo manda o caderno para o Ercílio.

10- Complete o bilhete:

____________________ , _____ de _________________ de 2007.

Caro amigo ___________________

Como vai você, meu amigo, tudo bem?

Estou indo para sua aldeia___________________________________ Prepare ____para mim, eu vou chegar no dia __________________________.

Não esqueça de _______________________________

Era só isso, amigo, um abraço.

____

Cartas

A carta é um tipo de texto, mais longo que o bilhete, que serve para transmitir informações, sentimentos, notícias, reivindicações.

REMETENTE – É a pessoa que está mandando a carta.
DESTINATÁRIO – É a pessoa que vai receber a carta.

Desenho: César Rampi Tiriyó

Carta de amor

César Rampi Tiriyó

Nesse tipo de carta a pessoa escreve para alguém que ama, expressando seus sentimentos e emoções.

Aldeia Pedra da Onça, 23 de agosto de 2007.

Meu amor

Como vai você?

Estou com saudades de você, gosto muito de você, você é meu coração.

Eu estou sempre sonhando com você, cada sonho é uma surpresa. E você, será que também sonha comigo?

Espero que você mande um bilhete ou uma carta para mim, para que eu fique menos triste.

Olhe, amor, eu não vou esquecer de você até morrer. Era isso que eu queria lhe dizer.

Meu coração vai ficar alegre quando reencontrar você novamente. Que saudade!

Beijos e abraços,

César Rampi Tiriyó

Desenho: César Tiriyó

Desenho: Pampi Tiriyó

Carta para amigos

Missão Tiriyó, 01 de setembro de 2007.

Amauri

Como vai você, tudo bem? Como vão sua esposa, seus filhos e seus pais? Espero que todo mundo esteja bem por aí.

Estou escrevendo para pedir um litro de óleo de copaíba e também peixe moqueado. Peço para você mandar pelo seu pai.

Peço que você responda essa carta, dizendo se você vai querer o pagamento em dinheiro ou se você quer trocar por alguma coisa.

Mande também notícias de sua família na carta.

Minha família está mandando abraços para todos.

Um grande abraço, meu amigo

Valdir Tik'reme Kaxuyana

Aldeia Missão Tiriyó, 01 de setembro de 2007.

Prezada professora Denise,

Tudo bem? Comigo está tudo bem.

Olhe, professora, eu gostaria de saber quando vai ser o 3º curso de formação de professores Tiriyó e Kaxuyana. Queria saber quais disciplinas vão ser dadas nesse curso.

Gostaria que você me enviasse essas informações por carta. Também queremos saber o local do curso. Estarei esperando a resposta dessa carta aqui na Missão Tiriyó.

Era só isso, um abraço

Valdir Tik'reme Tiriyó

Aldeia Missão Tiriyó, 10 de setembro de 2007.

Querida amiga Luana

Estou mandando esta carta para você porque estou com muita saudade, principalmente do seu filho. Como ele está?

Eu estou bem aqui na aldeia, meu filho e minha filha também estão bem. Espero que esteja tudo bem com você aí na cidade.

Estou mandando dinheiro para você comprar algumas roupas para meu filho, peço que você faça essas compras para mim.

Um abraço para toda sua família,

Emanuela Imaripïn Tiriyó

Desenho: Eddi Kurawaka Tiriyó

Carta para autoridades

Eddi Kurawaka Tiriyó

A carta para uma autoridade é uma carta formal, pois na maioria das vezes não somos amigos da pessoa para quem vamos escrever. Na carta para uma autoridade precisamos tratar a pessoa com formalidade.

Aldeia Missão Tiriyó, 01 de setembro de 2007.

Ilmo. Sr. Márcio Meira
Presidente da FUNAI

Prezado Sr. Márcio

Estamos escrevendo para informar que a comunidade Tiriyó e Kaxuyana está convidando Vossa Senhoria para participar de nossa festa que será realizada no dia 25 de dezembro de 2008.

Nessa ocasião será realizada a Festa do Jacaré, que é um ritual tradicional dos povos Tiriyó e Kaxuyana, na qual acontecem várias brincadeiras, cantos e danças.

Esperamos contar com a sua presença que é muito importante para nossas comunidades.

Pedimos que confirme, através de carta ou radiograma, a sua participação. Contamos com sua presença.

Atenciosamente,

Professores Adão Makarak'wa Kaxuyana
e Justino Wakawaka Kaxuyana Tiriyó

Aldeia Missão Tiriyó, 01 de setembro de 2007.

Sr. Alex Sandro
Responsável pelo Caixa Escolar

Prezado Sr. Alex Sandro

Estamos escrevendo para lhe informar a situação precária em que se encontra a nossa escola. Solicitamos com urgência os seguintes materiais: telas para as janelas, carteiras, quadros-negros, filtros, mesas, lâmpadas e tinta para pintar as paredes da escola.

Esperamos contar com seu apoio para atender a nossa reivindicação. Informamos que as aulas iniciaram no dia 05 de agosto de 2007.

Solicitamos informar se a situação do caixa escolar foi resolvida, quem assumiu a presidência e se essa pessoa já está fazendo as compras de nossa escola. Queremos uma previsão de quando os materiais solicitados serão enviados para nós.

Desde já agradecemos sua colaboração.

Atenciosamente,

Professores Agnaldo Waratana Kaxuyana
e Celestino Maritï Kaxuyana Tiriyó

Desenho: Justino Tiriyó e Emanuela Tiriyó

Radiograma

O radiograma é uma mensagem que se transmite através do rádio. O rádio é um meio de comunicação usado nas terras indígenas para a comunicação entre as aldeias, com os órgãos governamentais (Funai, Funasa, Núcleo de Educação Indígena) e com as associações indígenas na cidade. O rádio também é usado nos barcos para se comunicar com os portos e nos aviões para se comunicar com os aeroportos.

A mensagem do radiograma deve ser objetiva.

Os sinais de pontuação são escritos através de abreviações, para facilitar a comunicação. Por exemplo:

PT = ponto, PAPA TANGO

VG = vírgula, VITOR GOLF

BIPT = dois pontos, PAPA TANGO DOBRADO

ET = e (ECOTANGO)

/ = DIAGONAL OU BARRA

Leia o radiograma abaixo:

Origem	Nº do RDG	Nº de palavras	Data	Hora
Missão Tiriyó	01	28	04/09/07	9h00

Endereço: CELEIDE KAXUYANA/PRESIDENTE DO CETI

Número do texto: 04/MISSÃO TIRIYÓS DE 04/09/07 PT

SOLICITAMOS VSA ENVIAR COM URGÊNCIA PARA 03 PÓLOS OS SEGUINTES MATERIAIS ESCOLARES BIPT CADERNOS VG LÁPIS VG BORRACHAS VG CARTOLINA VG PAPEL SULFITE ET LÁPIS DE COR PT AGUARDAMOS O MATERIAL SOLICITADO PT SDS

PROFESSORES TIRIYÓ E KAXUYANA

VSA – quer dizer Vossa Senhoria

RDG – quer dizer radiograma

Na resposta dos radiogramas é usada a palavra RERA. Rera quer dizer uma referência ao radiograma anterior (coloca-se a data e o local do radiograma anterior). Leia a resposta da Celeide ao radiograma dos professores:

Origem	**Nº do RDG**	**Nº de palavras**	**Data**	**Hora**
Macapá	09	32	04/09/07	10:30

End. MISSÃO TIRIYÓ/PROFESSORES TIRIYÓ E KAXUYANA

Número do texto: 12//MACAPÁ/CETI DE 04/09/07 PT

RERA RDG 01/MISSÃO TIRIYÓ DE 04/09/07 PT INFORMO QUE MATERIAL ESCOLAR SOLICITADO CHEGARÁ DIA 01/10/07 PT NÃO SERÁ POSSÍVEL ENVIAR MATERIAIS ANTES DESSA DATA VG RECURSO AINDA NÃO FOI LIBERADO PT SDS

CELEIDE KAXUYANA/PRESIDENTE CETI/MACAPÁ

Leia o radiograma abaixo:

Origem	Nº do RDG	Nº de palavras	Data	Hora
Aldeia Tuha-Entu	04	27	02/02/08	12h00

Endereço: Celestino Tiriyó Kaxuyana e Agnaldo Kaxuyana/Aldeia Santo Antonio

Número do texto: 09/Tuha-Entu de 02/02/08 PT

CONVIDAMOS OS SENHORES PARA REUNIÃO NA ALDEIA MISSÃO TIRIYÓ VG DIA 20/02/08 PT A REUNIÃO VAI TRATAR DE ASSUNTOS RELACIONADOS ÀS ESCOLAS PT SOLICITO CONFIRMAR A PARTICIPAÇÃO PT

SDS MARCELINO SIPEWANAFÖ TIRIYÓ

1- Responda:

Para quem está endereçada a mensagem?

____

____

Onde estão as pessoas para quem está endereçado o radiograma?

____

____

Quem enviou o radiograma?

____

____

2- Escreva a resposta do radiograma que Celestino e Agnaldo enviaram para o Marcelino:

Origem	Nº do RDG	Nº de palavras	Data	Hora
Aldeia				

Endereço:

Número do texto:

RERA RDG

Desenho: Justino Tiriyó e Emanuela Tiriyó

Leia o radiograma abaixo:

Origem	Nº do RDG	Nº de palavras	Data	Hora
Aldeia Notïpë	08	21	07/01/08	15h00

Endereço: Margareth Tiriyó/Aldeia Pedra da Onça

Número do texto: 03/Aldeia Notïpë de 07/01/08 PT

SOLICITO ENVIAR NA PRIMEIRA OPORTUNIDADE DOIS LITROS DE ÓLEO DE COPAÍBA PT DESDE JÁ AGRADEÇO ET AGUARDO RADIOGRAMA CONFIRMANDO O ENVIO PT

SDS PASINA NELSON TIRIYÓ

3- Escreva a resposta de Margareth:

Origem	Nº do RDG	Nº de palavras	Data	Hora

Endereço:

Número do texto:

RERA

Leia:

Origem	Nº do RDG	Nº de palavras	Data	Hora
Aldeia Santo Antonio	01	19	10/02/08	17h00

Endereço: Carmelito Tiriyó Kaxuyana/Aldeia Paruwaka

Número do texto: 02/Aldeia Santo Antonio de 10/02/08

SOLICITO VSA FAZER SAKURA NO DIA 20/02/08 VG EU CHEGAREI NA SUA ALDEIA NESTA DATA PT AGUARDO CONFIRMAÇÃO PT

SDS CELESTINO MARITÜ KAXUYANA TIRIYÓ

4- Escreva o radiograma de resposta de Carmelito para Celestino:

Origem	Nº do RDG	Nº de palavras	Data	Hora

Endereço:

Número do texto:
RERA

SDS

Leia:

Origem	Nº do RDG	Nº de palavras	Data	Hora
Aldeia Missão Tiriyó	02	32	04/09/07	10h00

Endereço: Fernando Kaxuyana/Cacique da aldeia Orokofa Velha

Número do texto: 05/ Missão Tiriyó de 04/09/07

SOLICITO VSA INFORMAR QUANDO VAI SER A DERRUBADA DE SUA ROÇA PARA EU CONVIDAR AS PESSOAS PARA TRABALHAR E TOMAR SAKURA PT ESTAREI ESPERANDO PARA AVISAR O PESSOAL PT EU TAMBÉM IREI PT

SDS VALDIR KAXUYANA

5- Escreva o radiograma de resposta de Fernando para o Valdir:

Origem	Nº do RDG	Nº de palavras	Data	Hora

Endereço:

Número do texto:

RERA

6- Escreva um radiograma para seu colega. Peça para seu colega escrever um radiograma para você também, depois um responde para o outro. Você pode ditar o radiograma para o seu amigo e ele ditar para você, como se você estivesse recebendo pelo rádio.

Origem	Nº do RDG	Nº de palavras	Data	Hora

Endereço:

Número do texto:

RERA

Outras palavras usadas no rádio:

QAP – estou atento, estou na escuta.
QRU – eu não tenho nenhum recado, nenhuma mensagem.
CÂMBIO – essa palavra mostra que a pessoa terminou de falar.
OKAPA – tudo certo.

7- Escreva um radiograma endereçado a uma autoridade.

Origem	Nº do RDG	Nº de palavras	Data	Hora

Endereço:

Número do texto:

RERA

8- Escreva um radiograma endereçado a uma amiga ou amigo.

Origem	Nº do RDG	Nº de palavras	Data	Hora

Endereço:

Número do texto:

RERA

Pesquisa e Preparação de Materiais Didáticos no Âmbito do Programa de Formação de Professores-Pesquisadores Tiriyó e Kaxuyana

N
Missão Tiriyó
T.I. Parque do Tumucumaque
Brasil

Os Tiriyó e os Kaxuyana

Os Tiriyó vivem na fronteira entre Brasil e Suriname. O único meio de acesso as suas terras é por via aérea, em decorrência da difícil navegabilidade dos rios e ausência de estradas em ambos os lados da fronteira. No Brasil, os Tiriyó residem junto com os Kaxuyana, na faixa oeste da Terra Indígena Parque do Tumucumaque/PA, com uma população total em torno de 1.200 pessoas.

Quando se referem a si próprios, os Tiriyó costumam dizer que este foi o nome pelo qual se tornaram mais conhecidos pelos não-índios, porém, em sua própria língua se auto-denominam, em geral, *Tarëno,* termo que quer dizer "os daqui, dessa região". Além disso, se distinguem entre si, de acordo com suas origens diferenciadas. Dentre os atuais Tiriyó, encontramos gente que se identifica como descendente dos seguintes grupos: *Prouyana, Aramayana, Sakëta, Pïropï, Aramiso* e *Okomoyana.*

Todos falam a língua Tiriyó pertencente à família lingüística Caribe. Pelo convívio com outros grupos indígenas vizinhos, muitos entendem as línguas Kaxuyana, Wayana e Aparai, também da família Caribe. Alguns falam ainda Sranantongo e Taki-taki, línguas francas utilizadas na região para o comércio de trocas com os negros do Suriname e Guiana Francesa. Dentre os Tiriyó, que vivem no Brasil, muitos também compreendem e/ou falam o português; e dentre os que vivem no Suriname, muitos falam holandês e inglês por conviverem com falantes destas línguas em cada um destes países.

Os atuais Kaxuyana se consideram descendentes, não apenas dos antigos *Kaxuyana* que, como o próprio nome diz, eram os habitantes (*yana* = gente) do rio *Kaxuru,* afluente do rio Trombetas, mas também de vários outros grupos aparentados, que possuíam outras denominações, de acordo com os nomes dos cursos d'água em que habitavam por toda região do médio Trombetas, no estado do Pará, tais como os *Kahyana* (gente do rio *Kahu* = Trombetas), os *Iaskuriyana* (gente do igarapé *Iaskuri*) e assim por diante.

Porém, em decorrência de graves epidemias sofridas em meados do último século, cerca de 48 sobreviventes desses grupos se reuniram e concordaram em serem transferidos, com ajuda da FAB, em 1968, para a Missão Tiriyó, no Parque do Tumucumaque/PA. Um grupo menor foi viver com os Hixkariyana na Terra Nhamundá/Mapuera, e um outro grupo, menor ainda, desapareceu pelo interior leste do rio Trombetas, mas até hoje há indícios de que ainda existam pessoas desse grupo vivendo isoladas e evitando serem encontradas.

Apesar de terem convivido e compartilhado, por mais de três décadas, a mesma terra com os Tiriyó, no Tumucumaque, e com os Hixkariyana no Nhamundá, os chefes de família Kaxuyana nunca deixaram de manifestar o desejo de retornar para sua região de origem, empreita que iniciaram a partir de 2002, com a volta de uma primeira família. Atualmente já são oito famílias distribuídas em três aldeias: duas no rio Cachorro e uma no rio Trombetas. E se encontram em andamento os estudos para o processo de regularização fundiária de seu território de ocupação tradicional.

Implantação do ensino escolar

A introdução do ensino formal entre os Tiriyó se deu no começo dos anos 60, assim que um grupo de missionários franciscanos se instalou entre eles, construindo a aldeia-base denominada "Missão Tiriyó". Tal empreita foi realizada com apoio da Força Aérea Brasileira, na mesma época em que esta também se instalava na região, com um Destacamento de Fronteira, situado a 1km da Missão Tiriyó. Logo no início dos anos 60, os freis Angélico Mielert e Cirilo Haas, começaram a alfabetizar crianças e adultos na própria língua. A partir de 1966, um grupo de irmãs da congregação Jesus Crucificado, dividiu com os freis os trabalhos de alfabetização até 1980.

O ensino da língua portuguesa foi iniciado em 1969, e ocorreu paralelamente ao ensino da língua materna até 1972, ano em que a FAB passou a prestar assistência direta também na área de educação, implantando, ali, uma "Escola de Fronteira". Com este novo formato, a língua portuguesa foi priorizada e, de bilíngüe, o ensino passou a monolíngüe; os programas oficiais foram assumidos, e o material didático, bem como a merenda escolar, ficaram a cargo da FAB. A tônica, nesta época, era a de se priorizar a formação de um sentimento patriótico de pertencimento à nação brasileira por meio do aprendizado da língua portuguesa e do culto aos símbolos nacionais. A partir de então, e durante alguns anos, os alunos passaram a hastear a bandeira do Brasil e a cantar o Hino Nacional todos os dias.

A partir de 1980, quando as irmãs deixaram de trabalhar na Missão, a seleção e contratação dos professores ficou a cargo da FAB. O procedimento adotado foi o de recrutar professores indígenas em outras áreas onde a FAB também atuava junto a missões religiosas. A primeira experiência, neste sentido, foi com um professor Yanomami, formado na Missão Salesiana de Maturucá, no Rio Negro, permanecendo ali por dois anos, de 1980 a 1982. A próxima experiência neste sentido ocorreu alguns anos mais tarde, com um professor Karipuna, vindo do Oiapoque, que acabou se desentendendo com a comunidade e não permaneceu muito tempo ali. A saída destes professores marca também o fim da atuação da FAB junto à escola Tiriyó/Kaxuyana.

Os problemas ligados à saída e à necessidade de substituição de professores ocasionaram, ao longo dos anos, várias interrupções no funcionamento das escolas locais. Somente a partir de 1990 é que se conseguiu uma maior regularidade no trabalho escolar, com a contratação, por parte da Missão Franciscana, de dois professores indígenas, moradores da própria Missão: Celeide Tchu'wana e Juventino Pesirima, ambos Kaxuyana. Para atender algumas aldeias mais afastadas foram contratados: Carmelito Tiriwa, da aldeia Paruwaka, Samuel Sameu da aldeia Kuxaré e Mauro Mukaho, para atender a escola da aldeia Orokofa. Nenhum desses professores teve qualquer outro tipo de formação específica para atuarem em sala de aula. Chegaram a esta função apenas por esforço pessoal. Porém, a partir de 1993, quando a professora Elizerene Félix da Silva foi trabalhar na escola da aldeia Kuxaré, por intermédio do CIMI, os professores Tiriyó e Kaxuyana passaram a poder contar com uma profissional dedicada, que rapidamente se empenhou em aprender a língua tiriyó para melhor ensinar, colaborando também, ainda que informalmente, com a formação desses professores.

Na segunda metade dos 90, a Secretaria de Estado de Educação do Amapá assume a educação escolar indígena na TI Parque do Tumucumaque. Mas, ao longo dos anos 1996-2008 não realiza nenhuma ação contínua visando à formação de professores indígenas. Assim, por mais de uma década, estes professores permaneceram sem orientação para o trabalho em sala de aula, seja em termos de uma prática pedagógica adequada, seja em termos da produção e uso de materiais didáticos específicos. Nesse período, a atuação desta SEED concentra-se na contratação de professores não-indígenas, no financiamento da logística para a entrada e saída dos mesmos da área indígena, e na contratação de professores indígenas para a alfabetização das crianças. No que se refere aos professores não-índios, como dependem de transporte aéreo para chegarem às aldeias, e isso depende de orçamento e procedimentos burocráticos demorados, esses professores acabam passando poucos meses por ano em área indígena. Com isso, a aprendizagem dos alunos fica completamente prejudicada. No caso dos professores indígenas, a falta de formação impede a formalização do ensino bem como a construção de uma educação indígena diferenciada e de boa qualidade.

As comunidades Tiriyó e Kaxuyana há anos vêm manifestando sua insatisfação com a qualidade do processo de escolarização formal disponível no Tumucumaque. As famílias que possuem fonte de renda, por meio de salários ou aposentadorias, têm procurado enviar seus filhos para estudar em Macapá. Há casos de famílias inteiras que se mudaram para Macapá, abandonando a área indígena, para poder propiciar educação escolar aos seus filhos. Ao mesmo tempo, o número de aldeias vem aumentando com o processo de dispersão populacional em curso há alguns anos. De modo que, se em 1969 existiam apenas três aldeias na região, atualmente existem 30 aldeias que se distribuem por toda faixa oeste da TI Tumucumaque. E com o surgimento de novas aldeias, surgem também demandas por novas escolas e novos candidatos a se tornarem professores indígenas. Atualmente, há dezessete escolas indígenas, nas quais são atendidos cerca de quinhentos alunos.

No final dos anos 90, a SEED/AP havia elaborado um programa de formação, denominado Turé, que visava à titulação de todos os professores indígenas em todas as áreas indígenas do Amapá e também da TI Tumucumaque. Ainda que tenha realizado algumas ações dentro deste Programa entre os Tiriyó e Kaxuyana, até 2008 a programação de cursos ainda não havia sido iniciada. De modo que estes professores permaneceram sem qualquer ação de formação até recentemente, quando decidiram renovar a demanda que desde 1996 faziam aos membros da atual equipe do Programa Tumucumaque/Iepé, na falta de atenção por parte dos órgãos competentes. Feito o pedido ao Iepé em 2005, no mesmo ano passamos a procurar meios de atendê-los nesta demanda e de propor ações que pudessem repercutir na decisão dos órgãos públicos regionais e federais, em favor do cumprimento dos direitos desses professores e de suas comunidades à educação diferenciada, garantidos na legislação do país.

O Programa de Formação do Iepé

A participação dos Tiriyó e Kaxuyana em programas de formação e capacitação não apenas em educação, mas também em saúde e gestão territorial é bastante recente. Eles costumam dizer que, como sua aldeia principal localiza-se num dos contrafortes da Serra de Tumucumaque, estão lá "esquecidos" atrás das montanhas sem ninguém ver. Mas esta é apenas uma brincadeira, com a qual expressam sua frustração com as dificuldades que há anos encontram no acesso a oportunidades de formação e capacitação que já se consolidaram entre muitos outros grupos indígenas, há vários anos, no país inteiro.

O *Iepé* em particular, por meio de seu Programa Tumucumaque, vem desenvolvendo, desde 2005 um conjunto de ações/oficinas voltadas para a valorização cultural e, em 2007, deu início a este programa de formação continuada de professores-pesquisadores tiriyó e kaxuyana. Em ambas as linhas de atuação, a sensibilização à importância da pesquisa sobre seus próprios conhecimentos tem sido o foco principal.

Iniciado em 2007, o "Programa de Formação Continuada de Professores-Pesquisadores Tiriyó e Kaxuyana" constitui-se na iniciativa por meio da qual o Iepé procurou reverter a situação de inexistência de ações de formação para esses professores. Nesse contexto, a proposição de ações que possam repercutir nas propostas dos órgãos públicos regionais, aliada ao fortalecimento da escola e à produção de materiais didáticos específicos, que valorizem as formas de organização e os patrimônios culturais desses grupos indígenas, é fundamental para um efetivo avanço e concretização dos direitos reconhecidos a estes e todos os povos indígenas brasileiros. Em 2007 estavam em atuação 41 professores indígenas e 3 estagiários, sendo em torno de 30 o número de professores contratados pela SEED/AP. Dezessete escolas encontram-se em funcionamento na faixa Oeste do Parque, nas aldeias Boca do Marapi, Kuxaré, Maritëpu, Missão Tiriyó, Missão Velha, Notïpë, Oroientu, Orokofa, Paruwaka, Pedra da Onça, Ponoto, Santo Antônio, Taratarafë, Tuha Entu, Ürunai, Waipa e Yawa.

Até 2009, o Iepé já realizou 7 etapas de formação desses professores indígenas contando com apoio financeiro do Ministério da Educação (por meio do FNDE), da Fundação Nacional do Índio (Coordenação Geral de Educação e AER Funai Macapá), Manos Unidas e Rainforest Foundation da Noruega. Esse programa de formação de professores-pesquisadores Tiriyó e Kaxuyana também vem contando com apoio da FAB, da Missão Franciscana, e vem sendo desenvolvido em parceria com a Apitikatxi – Associação dos Povos Indígenas Tiriyó, Kaxuyana e Txikuyana.

Pesquisa e produção de materiais diferenciados

Ao contrário do que ocorre no sistema de educação não-indígena, onde há uma divisão do trabalho entre os profissionais que, nas universidades, se ocupam de pesquisar e produzir conhecimentos; os que elaboram materiais didáticos com base nessa produção acadêmica e os que se encarregam de ensinar na sala de aula os conteúdos que já vêm sistematizados nos livros didáticos; na educação escolar indígena que se pretende diferenciada, cabe ao professor indígena ser capaz de concentrar em si todas estas capacidades: pesquisar, sistematizar e registrar conhecimentos que fazem parte da sua realidade, elaborar materiais didáticos com base em suas pesquisas e levar para seus alunos os resultados destas pesquisas.

É neste sentido que foi pensada a figura do "professor-pesquisador" no âmbito do Programa de Formação de Professores-Pesquisadores Tiriyó e Kaxuyana iniciado pelo Iepé em 2007. Embora este programa tenha sido formulado enquanto um programa de "formação continuada", a grande maioria destes professores não possui ainda a formação básica, que há anos aguardam que seja iniciada pelos órgãos competentes.

Portanto, como acontece em outros casos no restante do país, trata-se de um grupo de professores que precisa ser formado "em serviço", e que precisa "aprender para si" e "para ensinar aos outros" praticamente ao mesmo tempo. Além disso, em se tratando de professores indígenas, aquilo que eles precisam aprender e ensinar não é um dado, mas algo a ser construído e definido no processo desta formação. E, neste processo, a formação para a pesquisa é de fundamental importância, inseparável da formação para o ensino na sala de aula.

Pensando nesses desafios é que no programa iniciado entre os Tiriyó e Kaxuyana optamos por investir numa formação que lhes proporcione desenvolver todas estas capacidades. Para tanto, os professores cursistas contam, em cada curso, com a orientação de especialistas em educação indígena em diferentes áreas, que durante as aulas, fornecem-lhes orientação pedagógica e conhecimentos relacionados aos saberes universais, ao mesmo tempo em que incentivam a condução de uma educação escolar específica que valorize as línguas e os conhecimentos locais, bem como a elaboração de propostas pedagógicas e a elaboração de materiais didáticos adequados à realidade social e cultural local.

A edição dos primeiros livros gerados no âmbito desse programa de formação está se tornando possível graças ao apoio que o Iepé recebeu da Imprensa Oficial do Estado de São Paulo, por meio do selo Imprensa Social, que viabilizará a impressão dos livros de ensino e alfabetização da língua portuguesa, e do Museu do Índio – Funai, que se encarregará da impressão de dois livros de alfabetização em língua Tiriyó e em língua Kaxuyana. Pelo entusiasmo e dedicação demonstrados pelos professores indígenas na preparação dos textos, dos desenhos e das ilustrações que compõem esses quatro livros, temos certeza de que muitos outros virão.

Denise Fajardo Grupioni
Coordenadora do Programa de Formação de Professores-Pesquisadores Tiriyó e Kaxuyana - Iepé

Professores

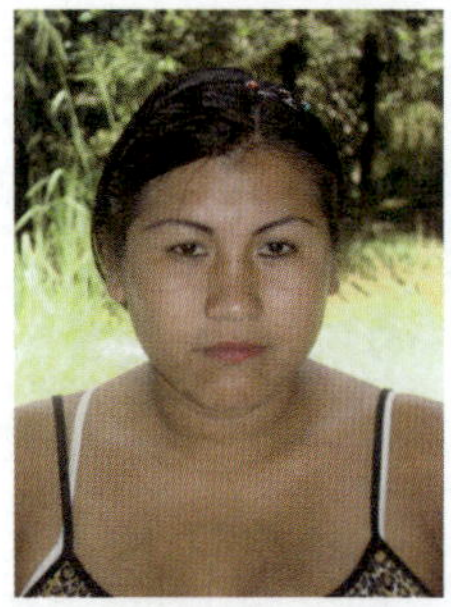
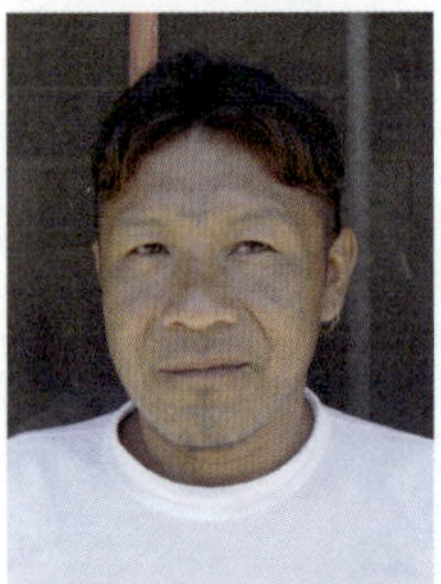

Nice Waves
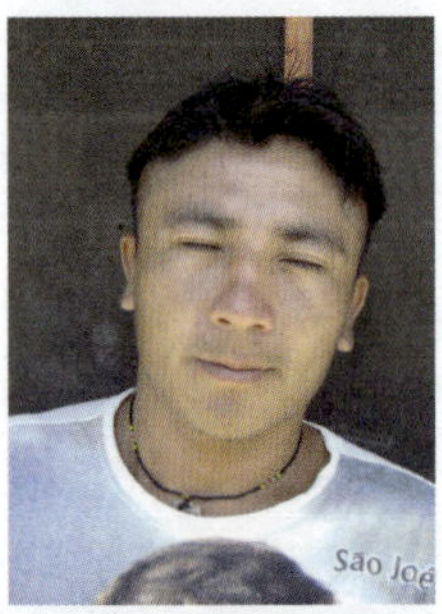
Sao Joe

STREET DANCE

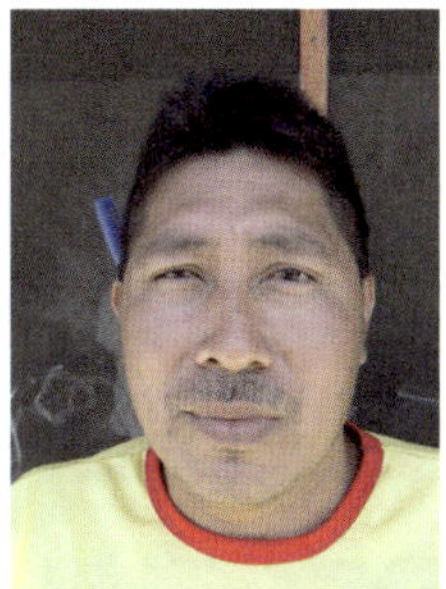

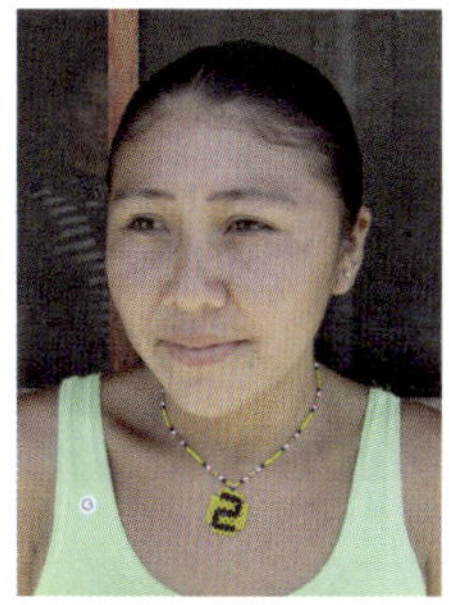

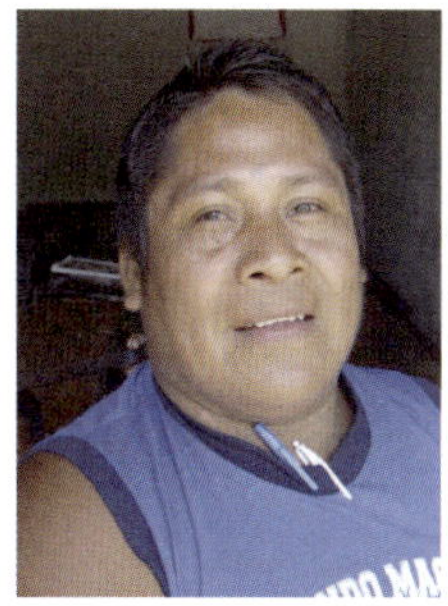

ESCOLA INDÍGENA ESTADUAL-TAWAINEN
MISSÃO.TIRIYÓ.2002

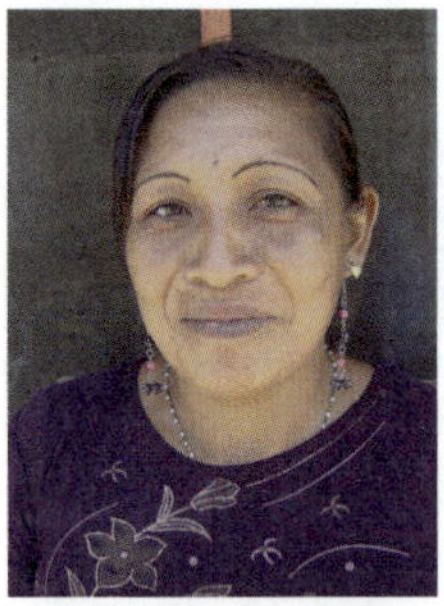

BOWDS

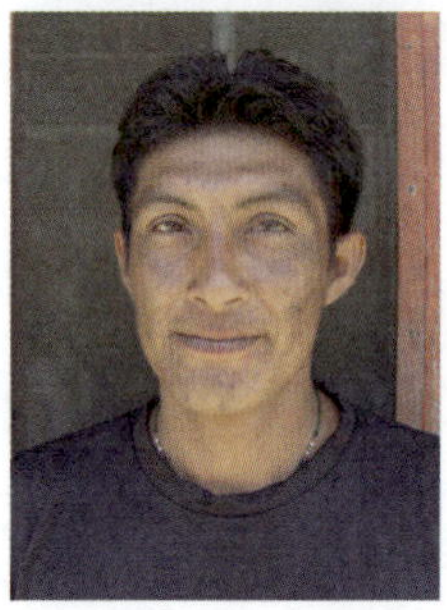

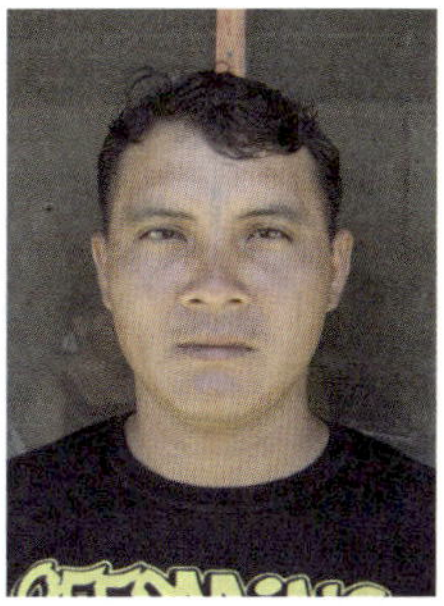

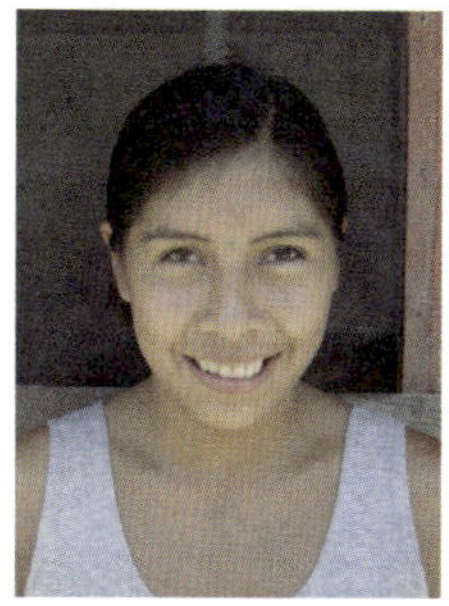

Desenho: Emília Yakukuna Tiriyó Kaxuayana

Iepé – Instituto de Pesquisa e Formação em Educação Indígnea

© Direitos Autorais	**Professores Tiriyó e Kaxuyana do Parque Indígena do Tumucumaque**
Organização do livro e assessoria pedagógica	Maria Cristina Troncarelli
Editores do livro	Denise Fajardo Grupioni
	Luís Donisete Benzi Grupioni
Tratamento de imagens	Gabriela Menezes

Programa de Formação de Professores-Pesquisadores Tiriyó e Kaxuyana

Coordenação do Programa	Denise Fajardo Grupioni
Apoio pedagógico às etapas presenciais (2007 e 2008)	Elzirene Félix da Silva
	Jeciane Souza
	Aturapoty Apalai (Jakuró)
	René Marques Bruno

Imprensa Oficial do Estado de São Paulo

Gerente de Produtos Editoriais e Institucionais	Vera Lúcia Wey
Assistência Editorial	Berenice Abramo
Direção de Arte	Guen Yokoyama
Projeto Gráfico e Design de Capa	Ricardo Ferreira
Revisão	Sárvio Nogueira Holanda

Realização:

Iepé – Instituto de Pesquisa e Formação em Educação Indígnea

Parceria:

Apitikatxi – Associação dos Povos Indígenas Tiriyó, Kaxuyana e Txikuyana

Manos Unidas – Espanha

CGE – Coordenação Geral de Educação / FUNAI
AER – Administração Executiva Regional de Macapá /FUNAI

Apoio à realização do Programa:

FNDE – Fundo Nacional do Desenvolvimento da Educação / MEC

SECAD – Secretaria de Educação Continuada, Alfabetização e Diversidade / MEC

FAB – Força Aérea Brasileira

MF – Missão Franciscana Tiriyó

RFN – Rainforest Foundation Noruega

io | imprensasocial

A Imprensa Oficial do Estado de São Paulo, em parceria com o terceiro setor, criou o selo Imprensa Social, com o objetivo de ampliar o acesso à informação de interesse público.

Outra expectativa, é dar oportunidade para que o trabalho das ONGs seja divulgado e valorizado como referência para outras instituições e mesmo como subsídio para a definição de políticas públicas.

As publicações abrangem as áreas de educação, cultura, saúde, meio ambiente, comportamento, direitos humanos, entre outras iniciativas de cunho social.

| 2010

Criatividade na Educação
Terezinha Araujo
Centro Popular de Cultura e Desenvolvimento / Imprensa Oficial/SP

Nascentes do Brasil
Estratégias para a proteção de cabeceiras em bacias hidrográficas
Coordenação: Samuel Roiphe Barreto, Sergio Augusto Ribeiro e Mônica Pilz Borba
WWF – Brasil / Imprensa Oficial/SP

| 2009

Conflitos na Escola – Modos de Transformar Dicas para refletir e exemplos de como lidar
Claudia Ceccon e outros autores
CECIP – Centro de Criação de Imagem Popular / APS International – Centro Internacional de Aperfeiçoamento de Escolas / Imprensa Oficial/SP

CCCria – Centro Cultural da Criança O Castelo das Crianças Cidadãs
Jovelina Protásio Ceccon e outros autores
CECIP – Centro de Criação de Imagem Popular / Imprensa Oficial/SP

Coleção Consumo Sustentável e Ação – 6 vols.
Consumo Sustentável (manual de atividades para o professor), Metal, Orgânico, Papel, Plástico e Vidro
Mônica Pilz Borba e Patricia Otero
5 Elementos - Instituto de Educação e Pesquisa Ambiental / Instituto HSBC Solidariedade / Imprensa Oficial /SP

A Escola Sustentável 2ª edição – 1ª reimpressão
Ecoalfabetizando pelo ambiente
Lucia Legan
Ecocentro IPEC – Instituto de Permacultura e Ecovilas do Cerrado / Imprensa Oficial/SP

| 2008

Psique & Negritude
Os efeitos psicossociais do racismo
Maria Lúcia da Silva, Jussara Dias e Fernanda Pompeu
Instituto AMMA Psique e Negritude / Imprensa Oficial/SP

| 2007

A Escola Sustentável 2ª edição
Ecoalfabetizando pelo ambiente
Lucia Legan
Ecocentro IPEC – Instituto de Permacultura e Ecovilas do Cerrado / Imprensa Oficial/SP

Cenpec
Uma história e suas histórias
Maria do Carmo Brant de Carvalho
Cenpec – Centro de Estudos e Pesquisas em Educação, Cultura e Ação Comunitária / Imprensa Oficial/SP

Essa Turma Ninguém Passa para Trás
Guia do consumidor para crianças e adolescentes
Vários autores
Criança Segura Brasil/ Fundação Abrinq / IDEC – Parceiro do Consumidor / Imprensa Oficial/SP

Eu sou Atlântica
Sobre a trajetória de vida de Beatriz Nascimento
Alex Ratts
Instituto Kuanza – Formação, intervenção e pesquisa em educação, raça, gênero e juventude / Imprensa Oficial/SP

Influir em Políticas Públicas e Provocar Mudanças Sociais
Experiências a partir da sociedade civil brasileira
Elie Ghanem
Ashoka – Empreendedores(as) Sociais / Fundação Avina / Imprensa Oficial/SP

O Caminho das Matriarcas
Maria do Rosário Carvalho Santos
Geledés – Instituto da Mulher Negra / Imprensa Oficial/SP

| 2006

Álbum de Histórias
Araçuaí – de U.T.I educacional a cidade educativa
Tião Rocha
CPCD – Centro Popular de Cultura e Desenvolvimento / Imprensa Oficial/SP

Brincar para Todos
Mara O. Campos Siaulys
Laramara – Associação Brasileira de Assistência ao Deficiente Visual / Imprensa Oficial/SP

História Falada
Memória, rede e mudança social
Vários autores
SESCSP – Serviço Social do Comercio / Museu da Pessoa / Imprensa Oficial/SP

Orientação para Educação Ambiental
Nas bacias hidrográficas do Estado de São Paulo
Cyntia Helena Ravena Pinheiro, Mônica Pilz Borba e Patrícia Bastos Godoy Otero
5 Elementos – Instituto de Educação e Pesquisa Ambiental / Imprensa Oficial/SP

Vozes da Democracia
Vários autores
Intervozes – Coletivo Brasil de Comunicação Social / Imprensa Oficial/SP

Violência na Escola
Um guia para pais e professores
Caren Ruotti, Renato Alves e Viviane de Oliveira Cubas
Andhep – Associação Nacional de Direitos Humanos, Pesquisa e Pós-graduação / Imprensa Oficial/SP

| 2005

Alianças e Parcerias
Mapeamento das publicações brasileiras sobre alianças e parcerias entre organizações da sociedade civil e empresas
Aliança Capoava (Ashoka, Avina, Ethos e Gife) / Imprensa Oficial/SP

Educação Inclusiva:
O que o professor tem a ver com isso?
Marta Gil
Ashoka – Empreendedores (as) Sociais / Imprensa Oficial/SP

Gogó de Emas
A participação das mulheres na história do Estado de Alagoas
Schuma Schumaher
REDEH – Rede de Desenvolvimento Humano / Imprensa Oficial/SP

Kootira Ya Me'ne Buehina
Wa'ikina Khiti Kootiria Yame'ne
Vários organizadores
FOIRN – Fundação das Organizações Indígenas do Rio Negro / ISA – Instituto Socioambiental / Imprensa Oficial/SP

Vivências Caipiras
Pluralidade cultural e diferentes temporalidades na terra paulista
Maria Alice Setúbal
Cenpec – Centro de Estudos e Pesquisas em Educação, Cultura e Ação Comunitária / Imprensa Oficial/SP

| 2004

Aprendendo português nas escolas do Xingu
Parque indígena do Xingu, Terra indígena Panará e Terra indígena Capoto-Jarina
Livro inicial
Vários autores
ATIX – Associação Terra Indígena Xingu / ISA - Instituto Socioambiental / Imprensa Oficial/SP

A Violência Silenciosa do Incesto
Gabriella Ferrarese Barbosa e Graça Pizá
Clipsi – Clínica Psicanalítica da Violência / Imprensa Oficial/SP

A Escola Sustentável 1ª edição
Ecoalfabetizando pelo ambiente
Lucia Legan
Ecocentro IPEC – Instituto de Permacultura e Ecovilas do Cerrado / Imprensa Oficial/SP

Em Questão 2
Políticas e práticas de leitura no Brasil
Vários organizadores
Observatório da Educação / Ação Educativa / Imprensa Oficial/SP

Espelho Infiel
O negro no jornalismo brasileiro
Flávio Carranca e Rosane da Silva Borges
Geledés – Instituto da Mulher Negra / Imprensa Oficial/SP

Jovens Lideranças Comunitárias e Direitos Humanos
CDH – Centro de Direitos Humanos / Conectas – Conectas Direitos Humanos / Imprensa Oficial/SP

Pela Lente do Amor
Fotografias e desenhos de mães e filhos
Carlos Signorini
Associação Lua Nova / Imprensa Oficial/SP

Saúde, Nutrição e Cultura no Xingu
Vários autores
ATIX – Associação Terra Indígena Xingu / ISA - Instituto Socioambiental / Imprensa Oficial/SP

Formato	200 x 260 mm
Tipologias	Univers Lt Std | ITC Officina Serif Std
Papéis	Offset 90g/m²
	Cartão triplex revestido 250g/m²
Número de páginas	184
Tiragem	2.500 exemplares

imprensaoficial